想要幸福，必須要靠自己；
想要好命，更要拚命努力！

講究的女人
不將就

再累也要打扮，再苦也要微笑？先想清楚妳是爲誰而存在！

羅斯安妮·巴爾 (美國女演員)
女人的權利是自己爭取而來的！

人生只有一次，所以更要盡情寵愛自己！
七封情書，獻給不論到幾歲都美麗依舊的妳

佳樂，何珮瑜 著

女性的沉靜是一種靠近靈魂的生活方式。
沉靜能讓妳不再隨波逐流，不再妄自菲薄，也不再被外界煩擾。

目錄

目錄

第三章　夢想：如果人生是一場夢，那就將它實現

第四章　愛情：這世間的情事，終有一個了結

目錄

第七章　獨立：建立屬於自己的「城堡」

第一章

孤獨：守住精彩，耐住寂寞

有一天，妳逃離人群，和世界漸行漸遠。作為女子，面對人群紛爭，面對喧囂的社會，妳必須在心中留下一塊淨地，屬於自己。

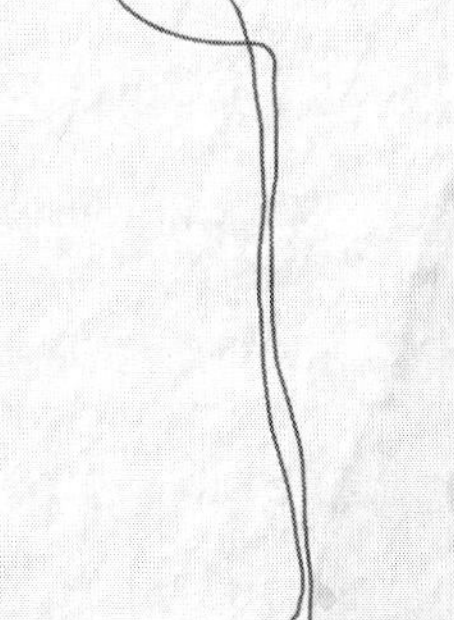

真正的美麗總是孤獨的

孤獨的鳳凰，以自己的姿態，涅槃重生。
驕傲的鳳凰，站在枝頭上，優雅而耀眼。

作為女子，面對孤獨，何必退讓妥協？面對孤獨，何必不安徬徨？妳以為自己是異類，與他人格格不入，進而受到他人排擠。但其實，妳是一隻孤傲的鳳凰，妳就像牠一樣，孤傲地活著，遠離人群，因為作為鳳凰，牠足夠優秀。

有一個朋友在工作中遭到排擠，跑來與我訴苦。她說，自從來到新的單位後，自己的表現優秀，受到主管的器重，也因此得到了許多機會。然而，這也為她招來很多困擾。漸漸地，她發現身邊的同事、朋友都刻意疏遠自己，甚至會刻意針對她。當同事們一起聚會、遊玩，在網路上發布大家一起逛街、吃飯的貼文，偏偏就是沒有約她。後來，這位朋友在別人口中聽到了有關自己的各種謠言，聽得她咬牙切齒。那些傳言無非就是一些再低俗不過的故事，要麼說她有強大的後臺，要麼說她因為長得漂亮，所以和主管有什麼不正當的關係，再要麼就是她是什麼主管的親戚……說著說著，她哭了。她告訴我，她突然發現「優秀」這個詞是個毒藥，是將自己陷入不義的罪魁禍首。她想改變自己，讓自己變得合群，讓自己變成一個普通人。

看著她這麼難過，我有一種無力感。這個社會就是這樣，愈是優秀的人，愈容易被眾人孤立。愈是優秀的女子，就愈容易招致非議，也愈容易被摧毀。可是女孩，何必呢？何必要為了迎合別人而委屈了自己？妳可是一隻高貴的鳳凰啊！他們在背後說妳的壞話又怎樣呢？那只能說明妳有本事被他們說，有本事引起他們的關注。當妳真的被視作普通人了，那反倒成了一種悲哀。

沒有同伴又如何？孤獨又如何？難道妳一定要生活在人群中，被所有人認可嗎？難道妳生活在人群裡，就不會感到孤獨了嗎？答案當然是否定的。鳳凰終究是鳳凰，到哪裡都會備受「普通人」爭議。

女性們，當妳遇到孤立無援的狀態時，不要害怕，也不要退讓。妳要做的，就是保持自己的優秀，保持自己的驕傲——讓他們說吧，時間會證明真正優秀的人是誰。

那些遠離塵世的女子，終有一份不為人所知的孤獨。她們不需要刻意地奉承，不需要刻意融入這個喧囂的世界，更無須去討好任何人，閒言閒語，一笑置之。

那些獨立於世間的女子，總會獨自書寫著自己的人生，卻時時刻刻散發著耀眼的光芒。

一個人的精彩

一名女子，縱使比稍縱即逝的煙火寂寞，卻也眞實地在一個人的精彩裡，耀眼地綻放。

在這個世界上，很多女子都出生在一個平凡而普通的家庭，為了分擔家中的經濟壓力，或是減輕父母的負擔，艱辛地在這個世界裡摸索。儘管女子在世人的既定印象裡，大多都是「柔弱」、「無能」、「優柔寡斷」等，但也有不少女子，在這樣的世道裡闖出一番比男性還要更厲害的事業和人生。

我很欽佩這樣的女子，因為她們有著堅忍不拔的意志力，因為她們沒有人可以依靠，卻堅強地面對生活帶來的一切壓力。

有一名女子，是香港歌壇的一個傳奇。在短短的四十年裡，她唱盡了繁華與落寞，演盡了浮生若夢——她就是梅豔芳。梅豔芳一九六三年出生在香港，父親早逝，母親經營著破舊的歌舞團來撫養四名子女。在生活的壓力下，梅豔芳在四歲半的時候便登臺唱歌，後來和媽媽、姐姐一起四處表演。除了唱歌、主持外，她也兼職服務生。這樣的家境使得梅豔芳被學校的同學嘲笑為「歌女」，同學們的家長也告訴自己的孩子不要與梅豔芳來往。國二的時候，梅豔芳離開了學校，輾轉於歌廳、夜總會等地方唱歌。在這麼小的年紀，梅豔芳就必須承擔起生活的壓力，放棄本該純真而快樂的童年，學會面對孤獨與閒言閒語。這其中的艱難與心酸只有梅豔芳自己知道。在一九八二年，十九歲的梅豔芳參加了香港無線電視臺舉辦的第一屆新秀歌手大賽，她以強大的實力毫無懸念地奪得了冠軍的寶座。從此，梅豔芳成了家喻戶曉的香港知名女歌手。

梅豔芳一生獲獎無數，不僅是歌手、演員，還心繫慈善事業，對後輩關愛至極。在香港演藝圈，她大愛、真誠、義氣，是當之無愧的「大姐頭」，受到眾人的尊重。二〇〇三年十二月三十日，梅豔芳因子宮頸癌引起肺功能衰竭，病逝時年僅四十歲。梅豔芳是香港樂壇的傳奇，更是一朵獨一無二的玫瑰花。她獨自承受生活中的一切，暗自努力，造就了屬於自己的盛世。

在我們的周圍，還有無數像梅豔芳一樣的女子。她們離開自己的故鄉，在車水馬龍的城市獲得一份工作，獨自打拚。白天，她們化淡妝，穿著襯衫，穿著高跟鞋，擠在人滿為患的捷運車廂中，到達工作的地點。晚上，她們又回到狹小的套房，煮一碗泡麵就會感到溫暖至極。她們不怨天尤人，更不悲觀。對於她們來說，每一天都是新的，每一天都充滿了活力，每一天都是上天的恩賜。

再舉一個例子。小維家有四個孩子，她是第三個女孩，還有一個弟弟。她成績很好，但沒有去讀大學，因為家裡還要撫養弟弟。小維在十八歲時就出社會，為父母分擔經濟。她做過餐廳的服務生，也在夜市擺過地攤，去過工廠上大夜班。那段歲月雖然艱苦，但她過得心安理得，因為靠著自己的努力，勇敢地活著，貼補家用。過了幾年，小維有了一點積蓄，便租了一間店面，開始她的服飾業生意。小維每天早上六點起床，點貨、進貨、卸貨，每天都會忙到深夜。也正是那段日子，她更加懂得生活的不易，幸好她終於成功籌到弟弟的學費，讓他上了大學。

後來，小維的生意愈來愈好，訂單一筆接一筆。她創立了自己的服飾品牌，有了自己的工廠。她對衣服的品質非常嚴格，要做就做到最好，不能有一點瑕疵。正是這樣的態度，她贏得了許多客戶的信任與尊敬。也許，妳以為小維這樣就滿足了，然而她沒有。

小維說自己的學歷不高，因此阻礙了公司與外商的合作機會。就在她三十歲的時候，她開始學英文，這需要多麼巨大的勇氣和毅力。最終在她的努力下，小維果真能順利與外國人順暢地交談。

今年她四十歲，努力奮鬥二十年，從一個餐廳服務生到一個服飾業公司的老闆，其中的人情冷暖、酸甜苦辣想必只能自己往肚子裡吞。小維說，她努力奮鬥了二十年，就是不想讓自己的孩子重蹈覆轍，希望自己的孩子一開始就能和其他孩子一樣，從同樣的起點出發，擁有同樣的社會資源。聽了她的這段話後，大家不禁一陣酸楚。這麼多年來，她心裡一定受了很多委屈，承受了很多不為人知的苦。

生命中的很多時刻都充滿了未知，但這些不安的未知都可以透過努力而掌握在自己手中。女性們，也許妳出生在一個並不富裕的家庭裡，也許妳並不能像別的富家千金那樣任意妄為，也許妳必須為了生活而努力賺錢。可是這並不能成為阻止妳前進的絆腳石，更不會限制妳的潛能。在這條路上也許妳是孤獨的，但妳卻踏實地走在屬於自己的道路上，絢麗而耀眼地綻放著。

以沉著穩重的態度，抵達修身養性的最高境界

無需隱居山林，只需在城市中尋一處靜謐，以此來安放靈魂的荒蕪，抵達內心的繁華。

沉靜是一種特質，源於內心的淡定和從容。有一種女性，她們平日沒有多少言語，在人群中甚至會被忽略。在這個紛亂的世界裡，她們似乎總是被人遺忘，甚至會被人低估。然而，她們大多都有著獨立的人格，對這個喧囂、吵雜、煩亂的世界有著清醒而深刻的認識。她們不需要刻意迎合，也不想隨波逐流。這種女性是難能可貴的，在她們沉靜的外表下隱藏著旺盛的生命力與不撓的精神。

舉一個身邊的例子，我有一位朋友叫洛安，是我在英國工作時認識的朋友，一位作家。由於兩歲時她就和家人去了英國，洛安的性格中帶著沉靜與內斂。她留著短髮，喜歡穿長褲，平日隨身帶著紙筆，因為害怕靈感的稍縱即逝。那時，我們幾個朋友會一起喝咖啡，或者去看一場舞臺劇。雖然她的話不多，但每一句都可以成為經典。

洛安和這個世界顯得有些格格不入，像是生活在他處。有時大家聊著聊著，她就會突然分神，靜靜地走到某個坐在長椅上發呆的孩子的身旁，然後兩人一起發呆。一開始，我們不太能接受洛安這種性格，覺得很難理解她。不過，隨著時間的推移，我們從她的作品中慢慢地了解她的內心世界。她在書中寫道：「我不需要隱居山林，只需在城市中尋一處靜謐，以此來安放靈魂的荒蕪，抵達內心的繁華。」當我讀到這句話時，我才發現洛安的內心有多麼的豐富和強大。再看看她為之奮鬥的事業，莫名間發現這個女性並不簡單。三十多歲的她，至今還單身。她說這個世界不僅僅有愛情，還有更多的事情要去做。在英國，她積極投身女性事業，為女性的權利而奔走。她說，女性應該為自己的權利而團結在一起。

洛安的沉靜是一種力量，透過這種方式清楚地知道自己想要什麼。她曾表示，從前自己也以為這種性格並不利於職業發展，也不利於在這個世界上生存。她曾經試著讓自己變得外向，去參加各種活動，去和各式各樣的人打交道。不過，最終她又回歸了自己原來的性格。她發現並非只有外向才能展現自己的能力，也並非外向才能做出一番事業。她漸漸找到了自己性格中獨具一格的魅力，那是無可代替的。

詩人紀伯倫曾經說過：「當你無法和你的思想和平共處之時，你開始說話；當你無法安居於內心的孤獨時，你便開始活在雙唇之間，聲音成了一種消遣。」此處並非在否定言語，而是強調一種沉靜的力量。沉靜更能讓一個人靜下心去思考，更能讓人謹慎地發表言論。在現實生活中，那些口無遮攔、搬弄是非的女性是令人反感的。她們在對別人評頭論足的時候，也是一個添油加醋的過程。她們將很多非事實的因素加入，將自己置入風暴的中心還沾沾自喜，造成許多不實的言論就像病毒一樣傳播。如果一個女性無法管住自己的嘴巴，那麼她一定無法真正面對自己的靈魂，更不會清楚自己到底想要什麼。

沉靜，是一種生活態度，也是一種思考方式，代表著妳對人生的選擇。即使妳每天必須周旋於複雜的人際關係中，或者不得不去處理大量而繁瑣的事務，妳都應該為自己留下一個空間，去練習「思考」。即使只有一個小時，都會讓妳的人生發生改變。這種沉靜的人生態度對於女性來說是非常重要的，因為在這個紛亂的世界裡，在這個父權主導的世界裡，我們必須清楚地知道自己到底要什麼，必須清楚地認識到自己的生活不該被父權所主導，更不該被某種潛在思想所左右。

當我們開始慢慢變得沉靜的時候，就會發掘自身更大的潛能，就能更加靠近自己的靈魂。後來，妳會發現自己不會再匆忙地下決定，也不會慌亂地去準備一件事情，而是會安靜地坐在公園的長椅上，看著蔚藍的天空，淡定從容地去思考未來的計畫和目標；後來，妳會發現自己不會輕易地在社群軟體、網路上發表自己的言論，不會在虛擬的世界中去關注他人的生活，更不需要別人來關注自己的生活，而是回歸到現實世界中，腳踏實地去面對自己的人生；後來，妳會發現在應對更多複雜的人際關係時，不會再焦慮、害怕，而是靜靜地梳理，理性分析，從而認清自己的立場與態度。

女性的沉靜是一種靠近靈魂的生活方式。沉靜能讓妳不再隨波逐流，不再妄自菲薄，也不再被外界煩擾。

若妳感到辛苦，代表妳正走在正確的道路上

生活是自己的，與他人無關。人生的道路漫長而艱辛，只有耐得住內心長久的寂寞，才能守住日後的精彩人生。

很多女性在小有成就後，會被短暫的勝利沖昏頭。她們有一顆不甘寂寞的心，然而這正是走向落寞的開始。女性們，只有耐得住寂寞，才能守住精彩。生活的常態就是平凡，此外的所有邂逅不過都是錦上添花罷了。

臺灣女星蕭淑慎的星途一直很順利，可當事業如日中天的時候，她染上了毒癮。她因吸毒三次被捕，事業跌入谷底。臺灣媒體還曝出蕭淑慎企圖跳樓自殺的消息，以及她自暴自棄後體態臃腫、臉色蒼白的照片。我們並不知道是什麼原因，讓大眾眼中的才女淪落到如此境地，可惜至極。之後，蕭淑慎痛下決心，減肥成功後復出。媒體問她，吸毒帶給她最大的教訓是什麼？以及什麼時候？她說只有內心安靜，才能把自己看清楚。可想而知，她的心智曾被多少雜念所困擾。

那時，走在人生巔峰的蕭淑慎絕對沒有想過自己會變成現在這個樣子。只有大徹大悟後才會明白人生的某些道理，然而她為此付出了太過慘痛的代價。很多時候，

女性會被鮮花、讚美聲沖昏頭。她們在名利上瘋狂地消耗著自己被世人褒獎的美名，一度在生命的某些禁地中大膽妄為地肆意前行。殊不知，就在她們耗費著自己的青春、容貌的時候，也正慢慢地將自己推向深淵。

說一個我身邊真實的案例。前不久，聽說高中時期校花舟舟的現狀，不禁感慨。那個時候，舟舟真的非常美麗，追求者可以組成好幾支足球隊。她一個禮拜內可以和七個男生約會。後來，她考上了藝術相關的科系，開始現身於演藝圈。當然，各種情場老手也開始紛紛向她獻殷勤。那些人大多都是已婚男士，出手闊綽，喜歡開著名車出入各個大專院校，玩弄女學生。很多女孩子都抵擋不了金錢的誘惑，在虛榮心的驅使下最終誤入歧途，而舟舟也成了其中一個。

後來舟舟被一個富豪追求，時不時贈送的鮮花、禮物只是常態。她穿著華麗的禮服出入各種名流會所，時不時地參加幾場紅毯現場，表面上風光無限。在二十多歲的時候，在其他同齡女孩還在擠捷運或公車，住在套房裡吃泡麵的日子，舟舟享受到了這個年紀難以得到的榮耀。然而，這看似風光的表面暗藏的是不為人知的痛楚。這個富豪是一名已婚的男人，有一對兒女。在富豪送了舟舟一棟豪宅、一輛名車後，舟舟也正式成了富豪養在籠中的金絲雀。

記得有一年同學會，大家正在對未來感到惶恐不安時，舟舟已經擁有各種奢侈品。那個時候，大家都感覺她生活在不一樣的世界裡，享盡榮華富貴。後來，又過了七八年，當初在這個社會裡苦苦掙扎、努力向上的女孩們都小有成就時，舟舟卻消失在了我們的視線裡。

有人說富豪曾經答應舟舟，等孩子長大了就和妻子離婚，不過這只是欺騙無知少女的謊言罷了。後來，那個富豪的妻子找了私家偵探調查了舟舟，並且找到了舟舟過去的把柄。就這樣，在那個女人的逼迫下，舟舟離開了富豪，最後徹底消失了。

在那段最美好的年華裡，她在那無止盡的虛榮中消耗著自己的青春，消耗著自己美麗的容顏。如果，時間還能倒流，她是否會在最美好的年華裡沉住心，努力地學習表演，為未來打下紮實的基礎。她是否會在最美好的年華裡，認真地去談一場戀愛，願意和一個疼愛自己的男孩子共同奮鬥。她在不相符的年紀裡得到了不屬於自己的東西，而要用今後的人生買單。

女性們，只有在年輕的時候，守住自己的慾望，守住自己的貪欲，守住自己空虛寂寞的心，才能在往後的人生中活得心安理得，活得美麗又優雅。也許在二十出頭的時候，妳會羨慕那些全身上下都是名牌的同齡女孩。也許那一件單品就夠妳抵銷兩個月的房租，也許妳省吃儉用所存下來的錢，也不及她們一條項鍊。可是女孩，請不要因此亂了自己的心智，更不要在不該擁有這些的年紀裡惶惑不安。或許她們只是生在了一個好的家庭裡，或許她們只是提前享受了未來的人生。當妳來到三十歲時，透過自己的努力得到這一切，妳會為自己曾經的默默付出而露出欣慰的笑容。

女性們，人生可以有很多種選擇，也有很多種可能。在這條漫長而艱辛的人生道路上，我們都是普通而平凡的女子，因此我們更應該懂得一個道理，生活是自己的，與他人的眼光無關。我們只有默默地去努力，忍耐著長久的寂寞與孤獨，最終才能守住日後遲來的精彩。

人間浮華，不忘初心

不忘初心，方得始終。
心靜如水，終能抵達。

詩人紀伯倫曾說：「我們已經走得太遠，以至於忘記了為什麼而出發。」這句話道中了人生的意義，也道盡了人性中的某些弱點。我們一直都在努力，在社會上我們努力工作，在家庭中我們努力做個乖女兒、好妻子、好媽媽……如此多的身分總會讓我們產生一種困惑——我們到底是誰？我們到底為什麼如此努力？人生的意義究竟是什麼？其實，這一系列的問題很簡單，我們終究是為了生活。

不忘初心，方得始終。在生命的旅途中，我們只有不忘記出發時的信念，最終才能抵達幸福的彼岸。

曾經，不知我們有多少美麗的夢想都在生活的瑣碎中慢慢被消磨殆盡。不知妳是否還記得兒時曾經夢想成為一名畫家，卻因為無法忍受生活的困頓而放棄了。不知妳是否記得，自己曾信誓旦旦地說自己要寫出一本小說，最後因為無法沉下心、耐住長久的孤獨便戛然而止了。

我們努力打拚，承擔一切，卻在這條路上愈走愈遠。我們看著鏡子中的自己而恐慌，三十歲、四十歲、五十歲……女性們，妳不該因為歲月而害怕年齡，更不該因為歲月而忘記曾經為何出發。

舉個例子，有一個女孩叫小蘭，是一位園藝設計師，有自己的工作室。在她的設計事業最巔峰的時候，她卻關閉了工作室，決定去鄉下居住一段時間。大家都認為她瘋了，都覺得她不該錯過事業正蒸蒸日上的黃金階段。後來，她在傳送給我的郵件中談及了她的想法：

「雖然大家都不理解我的做法，但我對自己有著清醒的認識。那時候，我幾乎每天都在接訂單，每天都為了畫設計圖忙到深夜，每天都有忙不完的應酬。我會為了多賺一筆錢而去做我不喜歡的設計，那些都違背了我最初的設計理念。我的理念是簡約而創意，可那些客戶的要求是華麗、複雜，最直接的講法就是迎合大眾、取悅大眾。我每天都為了這些東西而忙得焦頭爛額，甚至忘記了我這麼忙碌是為了什麼。我沒有時間陪伴家人，沒有時間去享受生活，更沒有時間去品嘗一杯咖啡。我發現自己被捲進了一個永無止盡的漩渦之中，無法停止。做設計也有七八年的時間了，我似乎在生活中慢慢失去了自我，甚至忘了自己當初為何要堅持做一名園藝設計師。我現在只是想讓自己放一個長假，回歸生活的常態，找回最初的自己。

我知道只有這樣，才不會偏離生活的軌道。」

這封信我一直保留著，像是她對這個世界的一個宣言。她沒有變。過了半年後，小蘭重新回來了。她開始不再注重訂單的數量，也不在乎金額的多寡，而是更注意設計理念與產品擁有的靈魂。後來，她因為獨特的設計理念而受到了設計界廣泛的關注，也因此贏得了許多獎項。當媒體採訪小蘭有什麼獲獎感言時，她只是淡淡地說道：「我只是一直在堅持著最初的自己罷了。」

作為女性，在世俗之中，唯有心境清明、不忘初心，方能抵達。

第二章

堅強：如果不能抵抗歲月，那就溫柔以對

妳本可以選擇軟弱，但還是微笑著選擇了堅強。作為女子，面對生活的瑣碎，不必逃避，不必退縮，以一個溫柔的微笑，優雅綻放。

愈堅強的女性們，愈懂得溫柔的重要性

當年一切的痛與淚，都悄然地被掩埋在歲月之中，而舉手投足間的溫柔，像是一束光，照亮了前方的路。

一個女性的堅強，並非是真槍實彈地與這個世界來一場廝殺。這樣的廝殺只會造成另一種可憎的結局。我們總會看到一些上了年紀的女性，滿臉都顯現著歲月的滄桑，像是經歷了一場腥風血雨的洗禮，面目猙獰。女性過了某個年紀後，靈魂深處的某些東西都會開始表露出來。而這些女性總是在想盡一切方法，留住容顏，殊不知容顏就在憤恨間消逝。

現代社會對於女性實在有些苛刻，不僅要貌美如花，還要事業有成、相夫教子。女性在這樣的社會壓力下難免會有情緒失控的時候。不過，上蒼還賦予了女性獨一無二的氣質，那就是溫柔。溫柔能幫助女性抵禦時光的摧殘。溫柔並不代表著順從，而是要將一切狂風暴雨化作微風和細雨。

當一個女性的內心足夠堅毅時，她的容貌就會變得溫柔、淡然；相反，內心愈是脆弱、膽怯，就愈要用強悍的外表來掩飾。曾經有一段時間，對於任何事，我總是

愈堅強的女性們，愈懂得溫柔的重要性

表現得非常強勢、咄咄逼人，覺得那樣才是一個女性該有的強大，總覺得那樣就不會被人欺負。其實，那恰恰表現出我內心的軟弱。那時，自己就是個什麼都看不慣的叛逆女子，總是會和家人在某些問題上爭論不休。然而，每次與家人爭論過後，他們都會讓我照照鏡子，看看自己猙獰醜陋的面孔。那是一張扭曲變形的臉，更是一張令人心生怨恨的臉。鏡子中的面孔變得怵目驚心，不再讓人喜歡。那時，我開始惶恐起來，擔心如果一直這麼下去，到了四十歲後，這張臉會變得有多麼不堪入目。

我的母親的一生並不順利，但她對於任何事、任何人都溫柔依舊、慈悲和善。後來，我漸漸地明白了她的用意。在成長的道路上，我們都想要變得更強大，能夠獨自承擔生活的重擔。然而，就在這條路上，我們並非要與世界為敵，而是對所有人與事都溫柔以待。一個女性的力量絕非是用什麼「女漢子」、「兄弟」等等這些稱號將自己包裝起來，而是用妳本性中的溫柔去面對這人世中的一切。

我們都曾想像自己哪天會成為一位英雄，都曾想過徒手除去一切罪惡與傷痛，然而卻漸漸忘記了那句話，女性是水做的靈魂。女性們，妳天生有水的柔性，可為什麼偏偏要用泥土將自己包裹？這不是真正的強大，而是膽怯的另一種表現。真正

的強大，就是在妳知道自己的柔弱後，依舊能溫柔地對待世間的一切悲苦；真正的強大，就是在妳漸漸懂得人情世故後，依舊能對傷害過妳的人溫柔一笑；真正的強大，就是在看盡世態炎涼後，依舊能溫柔地在風雨中前行。因為是女子，所以我們更該選擇溫柔地活著。

女性們，妳們應該明白相由心生這個道理，更應明白溫柔的力量。願妳的容顏不要在歲月的侵蝕中變得猙獰，願妳的美在時光的雕琢下變得更加善良與溫柔。

面對流言蜚語，一笑置之

面對無禮的謾罵與誹謗，除了積極地應對，更要學會一笑置之。時光，會還給眞正善良的人，一個公道。

作為一個女性，在這個虛擬的網路時代，該如何去面對他人的流言蜚語、甚至是來自陌生人的無理攻擊？如何不被某些不負責的言論所傷害？如何堅強地站起來？這都是現代女性所會面臨的問題。也許妳覺得自己不是名人，那些謾罵似乎離自己十分遙遠。然而，這看似遙遠的事情卻離我們那麼近。

舉個真實的例子。薇薇是我的朋友，相貌姣好、勤奮努力，工作幾年後得到了待遇優良的職位。不過，隨之而來的便是各種漫天的流言蜚語。甚至有人在公司的論壇裡發布了「公司薇某上位的驚天祕密」等諸如此類的文章。除此之外，她每天都會收到一些惡意訊息，有恐嚇她的，也有謾罵她的，甚至還揚言要報復。那個時候，她每天都過得提心吊膽，甚至不敢看手機和電腦，最後淡出了社群軟體、刪掉了全部的個人貼文。她每天都無法入眠，需要服用大量的安眠藥。她說每天上班的時候，感覺暗中有無數雙眼睛想要將自己殺死，而自己就這麼慢慢地被黑暗所吞噬。

有一段時間，薇薇由於無法忍受這些流言蜚語，以致精神崩潰，住進了醫院。大家去醫院看她的時候，她目光呆滯，完全沒了曾經的光彩與自信。後來，薇薇離開了那個讓她痛苦的公司。

薇薇就是一個被網路暴力圍攻的受害者。她沒有做傷天害理的事，也沒有為職場晉升做出見不得人的事。只是因為自己的努力和勤奮，在取得了一些成績後被某些眼紅的人伺機報復。然而，某些人的不懷好意竟點燃了眾人的打擊報復，可怕至極。最終，面對這些沒有緣由的謠言與謾罵，薇薇還是選擇了逃避。當時我問她，努力那麼久，就因為這些閒言閒語而放棄了一切，值得嗎？她只是抽泣著說自己無力對抗這些言論，因為在謠言的散布過程中，她也漸漸懷疑自己的能力，覺得自己不配這個職位。

我不禁嘆了口氣，薇薇的經歷不僅是整個社會的悲哀，同時也是她自己的悲哀。如果有些事情是注定要發生的，那麼我們該做的就是迎面而上，而不是消極地躲避這些流言蜚語。生活中有太多的措手不及，有時還沒來得及回應，一些女性就已經被無形的魔鬼所擊敗。女性們，這不該是妳面對困境的方式！

舉一個韓國演藝圈的真實案例。韓國知名女演員及歌手崔真理（藝名：雪莉）曾遭受了長期的網路霸凌，事件是從她在二〇一四年與大十四歲男友交往時開始發酵，此時的崔真理尚未退出女團，為了避免影響團體也影響自己，於是向外界公布暫時停止演藝事業。緊接著二〇一五年，崔真理宣布退出女團，往後會以「演員」的身分繼續活躍於演藝圈。崔真理在退團後一改出道時清純的形象，時常在網路上發布自己性感的照片。這樣的風格轉變引起許多粉絲不滿，認為退團後的崔真理毀了他們心目中真正的「雪莉」，進而開始走火入魔，在網路上對崔真理謾罵、汙辱、恐嚇，自此崔真理被網友們的惡意推上了社會輿論的風口浪尖。而韓國的「酸民文化」也是家喻戶曉的「狠毒」，除了人身攻擊、辱罵與貶低，也時常出現恐嚇當事者及當事者家人的言論出現，而崔真理本身就患有憂鬱症，最終因承受不了網友們長期的言語霸凌，崔真理在二〇一九年十月十四日，被經紀人發現在家中自縊身亡。

女性們，妳是否也和薇薇、崔真理一樣，曾經遭受過流言蜚語的圍攻？妳是否一度在那些謾罵聲中迷失自己，甚至質疑過自己？女性們，請相信自己，不是妳不好，而是那些「不懷好意」否定了妳的一切。沒有一個女性生來就該遭受這些無端的謾罵，更沒有理由接受這些無端的誹謗。當妳遭遇圍攻時，要做的就是積極地去面對，用微笑去回擊那些人。只有堅強地去面對，才不會被黑暗所吞噬。妳要相信，時間終究會回擊「酸民」一記響亮的耳光。

失敗乃成功之母

所有的失敗與挫折，不安與畏懼，彷徨與膽怯，終究會成爲妳的碧海藍天。

人生是一場馬拉松，如果用一時的成功或失敗去評判一位女性，那就顯得有失公平，也顯得太過草率。有一種女性，她們不懼失敗，在遭遇無數次失敗之後依舊奮勇直前。「失敗」對於她們來說不是困難的代名詞，而是上蒼贈予她們邁向成功的禮物。

好比大名鼎鼎的美國女作家史蒂芬妮．梅爾，她在撰寫出《暮光之城》系列以前，曾寫了十五封信件寄給各大出版社，但僅僅只有一間出版社回信給她。直到《暮光之城》順利出版並引起全球青少年的熱烈歡迎後，至少有八間出版社競標《暮光之城》的版權，此小說的超高人氣帶給史蒂芬妮莫大的殊榮以及財富，史蒂芬妮更被列入二〇一一年富比士百大人物之一。

作為女性，更應該在屢戰屢敗後抬頭挺胸地站起來，因為這才不會讓妳捲入生命中軟弱的洪流，也不會讓妳在這個以男性為主導的社會裡失去競爭力，更不會讓妳放棄自己的尊嚴被那些輕而易舉的成功所誘惑。

我還記得曾經有一個大學女同學，綽號叫沐沐，非常漂亮，家境也非常優渥。畢業的時候她選擇了繼續攻讀研究所，這讓所有人都非常詫異。在所有人都忙著投履歷的時候，她一個人往返於教學大樓、宿舍與學校餐廳之間。在別的女生選擇逛街、網購、參加聚會的時候，她選擇讀書、撰寫研究計畫等。那個時候的她褪去所有的光環，不再是眾人口中的女神，轉而成了一個追逐自己理想的女學霸。

不過，很可惜，她第一次考試失敗了，沒有考入理想中的學校。畢業後大家都以為她應該會直接去她的父親所經營的公司上班，但她拒絕了，而是選擇重考。大家都勸她，既然家庭條件那麼好，根本不需要將精力放考取研究所這件事上。但沐沐只是表示，她不想自己的命運被安排，不想被周圍的人看不起，更不想被所有人當作什麼都不會的花瓶。選擇重考，這需要多麼強大的勇氣和毅力，因為在這一年中，她必須承受眾人的冷嘲熱諷，承受眾人的質疑，甚至她還要面臨著再次失敗的壓力。她後來對我說，那些壓力根本就不是壓力，而是一種動力。自己都努力那麼久了，何必在快要成功的時候放棄呢？

那年，她在自己夢想的學校旁租了一間套房，獨自一人為了重考研究所而努力。她每天的作息都很規律，讀書十小時，自己做飯。平日很少出門，也很少有娛樂活動。她說她用這一年看了大學四年都沒有看過的書，用這一年背了大學四年都沒有背過的單字，想一想都覺得自己厲害。事實證明，這一年的生活給予了她回報。當她拿到學校錄取通知書的那一刻，立刻在個人的網路介面上寫下一段句子：「失敗乃成功之母。」她表示自己很感激第一次的失敗，因為失敗，讓她更懂得奮鬥的意義；因為失敗，讓她更加珍惜這段默默無聞的日子；因為失敗，讓她成為更好的自己。

對於女性來說，失敗並沒有什麼可怕，可怕的是當妳面對失敗而失去了曾經那種堅定的勇氣和意志，可怕的是妳從此一蹶不振，就此屈服於殘酷的現實，可怕的是被這個社會的某些潛規則所誘惑。女性們，妳的人生不該臣服在失敗的腳下。

女性們，也許妳會有失敗的壓力；也許妳會遭受眾人的質疑；也許妳會裹足不前；也許妳會在夜晚靜靜流淚……可是當妳遭受失敗後，請忘記自己的這些弱點，忘記自己的悲傷，擦乾淚繼續前行。

作為女性，妳要相信，那些生命中的失敗都是上蒼的饋贈。請放下不安與彷徨、畏懼與猶疑，妳終究會在歲月的打磨中成全自己的碧海藍天。

妳的字典裡沒有「脆弱」

請忘記妳是一個女性，請刪除妳字典中的「脆弱」，然後勇往直前。

莎士比亞曾在《哈姆雷特》中說：「女性啊，妳的名字叫脆弱。」不知道當年莎士比亞為何會有這樣的感嘆，或許在十六世紀，女性本身就與「脆弱」有著無法分開的聯繫。不過，對於這個時代的女性，還是請將「脆弱」一詞從人生的字典中刪除吧。在這個提倡男女平等的時代，我們必須與「脆弱」劃清界限，因為現實的殘酷根本不會同情女性的眼淚。

美國有一位非常強勢的女性，名叫希拉蕊．柯林頓。她不僅有著美國前第一夫人的身分，也是二〇〇八年及二〇一六年美國總統的候選人。儘管外界對她的評價褒貶不一，但作為一名女性她做到了足夠強大，而且具備著超越一般男性的領導能力。希拉蕊發表對伊斯蘭恐怖組織的喊話宣言：「土耳其等相關國家必須明確表達自身的政治立場，要嘛與伊斯蘭恐怖組織戰鬥，要嘛加入恐怖組織。」在她之前，很少有政客會公開撕破這層紙。是的，要嘛成為夥伴，要嘛成為敵人，沒有中間地帶可言。這是政治，更是戰爭，而曖昧的態度只能將自己葬送。

希拉蕊出生在一個中產階級家庭裡。四歲時，有個霸道的小女孩總是欺負希拉蕊。後來希拉蕊向母親哭訴，而母親告訴她，要勇敢地面對，他們家容不得膽小鬼。這件事塑造了日後希拉蕊堅強的意志力和決斷力。

在比爾．柯林頓卸任總統時曾說過：「如果希拉蕊不是第一夫人，在二十五年前肯定能成就一番事業，是我剝奪了她的事業。」後來希拉蕊參加了二〇〇八年的總統大選，雖然敗給了歐巴馬，但卻被公認為是美國歷史上第一位極有可能當選的女性總統。二〇一五年四月十二日，希拉蕊正式宣布參選二〇一六年的美國總統大選。

作為一名女性，她是優秀的，值得讓人稱讚的。在希拉蕊的字典裡沒有「脆弱」這兩個字。她用自己的勇敢與智慧在男性主導的美國政壇闖出了自己的一片天地。她甚至說出了很多男性都不敢說出的言論。她是個女權主義者，為女性謀取福利。她說：「我們的女兒和孫女將面對現在想像不到的新挑戰，可是我們每個人都可以為未來盡一份心力，我們可以為正義、平等、婦女權利和人權大聲疾呼，更可以站在歷史正確的一邊，不論風險，不計代價」。

在這個時代，「脆弱」是女性的天敵，是女性時刻都該克服的弱點。或許，在家中，妳有寵愛妳的老公，或是疼惜妳的父母，可一旦進入社會，妳就該收斂自己的脾氣。妳的主管不會因為妳是女性而減少妳的工作量，或者特別幫妳升遷、加薪。在他們的世界裡，只有勝任和不勝任，只有權衡利弊。作為員工的妳，只能忘記自己是個女性，然後努力。

不久前，我的一位朋友小珍又打來電話，告訴我她辭職了。如果這是她第一次辭職，那我還能理解。然而，這已經是她第五次辭職了。我記得第一次是因為主管讓她加班，而那天正好是她的生日。之後，她任性地留了一封辭職信後，便約上一群朋友去開生日派對了。第二次辭職是因為公司男性職員不夠，只能讓女性去搬運貨物，而小珍那天正好穿著新買的高跟鞋，於是她二話不說就直接走人了。第三次是因為家裡的愛犬生病，她卻放了一位重要客戶的鴿子，因為害怕被開除就直接先申請了離職。第四次是因為在洗手間罵了自己的主管，結果被主管逮個正著。這次的理由更是任性，她說她累了，想好好休息一段時間。

有時候，我真的想罵這位朋友幾句。她也是三十出頭的人了，可為什麼總是這麼任性妄為、不計後果？她總是說自己受不了那樣的工作壓力，受不了看別人臉色的生活，受不了被主管壓制……可是，就在她所謂的這些「受不了」中，她也在消耗著自己的青春與精力。

一個女性可以在年輕的時候叛逆、任性幾回，但如果過了三十歲還放任自己的脾氣去做某些事情，那就不應該了。如果妳還想要在這個社會立足，就要去遵守某些潛規則。最重要的一條就是妳必須擺脫「脆弱、任性的公主」這個稱號，勇往直前。沒有哪個主管希望自己的手下都是一群溫室裡的花朵。如果妳想做個養尊處優的公主，那還是回到父母的懷抱中吧。

女性們，請刪除妳字典中的「脆弱」，然後勇往直前。

驅散陰霾，迎來溫暖

在沒有陽光的日子裡，依舊滿懷期待。迎來溫暖的氣候，在心中開出一朵絢爛的花吧。

在人生的旅途中，妳我都會遇到各種各樣的困難。在那段艱難的時光裡，我們不必悲傷，更不必彷徨不安，而用微笑去面對一切，相信生命即將開出絢爛的花。

還記得在十多年前，那時的我正處在人生的低谷中。當然，現在回想起來那只是生命中的一次「小感冒」而已。也就是在那個時候，幾米一副名叫《心中的花》的漫畫打動了我。在漫畫裡，主角經歷了一場地震，地震過後被壓在廢墟底下，有一隻小狗正在廢墟上尋找他。幾米在漫畫的旁邊寫道：「你聞到我的氣息，我聽到你的叫聲。你知道我在流淚，我知道你在焦急。我們如此的接近，又如此的遙遠。但是不要怕啊！不要怕。我們的心中即將開出一朵美麗聖潔的花。」這溫暖而治癒的文字像是生命中的清泉，暖暖流入我的心間。

這幅畫收入在幾米的畫集《我的心中每天開出一朵花》中。後來我才知道，那時的幾米正與血癌在搏鬥。每天在心中開出一朵花，該有多大的勇氣和樂觀的態度。後來，我告訴自己，無論何時，無論遇到什麼，再難都要積極地去面對生活。生命中沒有永遠的困頓，一切陰霾都會被暖陽驅散，一切痛苦都將化作過往雲煙。等度過了最難熬的時光後妳會發現，人生的旅程有多麼絢麗。

美國知名脫口秀主持人歐普拉．溫芙蕾在哈佛大學的演講中說道：「不要問自己世界需要什麼，要問是什麼讓你精神抖擻地活著，然後去做，因為世界所需要的就是一個個朝氣蓬勃的人。」是的，她就是這樣一個充滿著熱情與朝氣的女性，用自己獨具特色的方式打造了著名的脫口秀節目。她透過鼓勵、安慰、激勵的方式，將人們從深受心靈折磨的壓力中解救出來，治療傷痛。她身兼數職，不僅是脫口秀的主持人，還是電視製作人、知名演員和作家。在美國，她有著驚人的影響力，她更是美國第一位獲封億萬富翁稱號的黑人。

妳無法想像，正是這樣一位振奮了無數觀眾的女性，卻有著沉痛的過往。她的父母在沒有結婚時生了她，之後便分道揚鑣。歐普拉在九歲的時候，被堂兄強暴，並且受到好幾個親戚的虐待。在十三歲的時候，她離家出走，第二年意外懷孕。後來，生下來的孩子沒多久就夭折了。她行為脫序，總是與母親吵架。母親受不了歐普拉，打算將她送入少年輔育院，可是由於位置滿了，她被拒之門外。歐普拉繼續和同伴們混在一起，抽煙、喝酒、吸食大麻，一步步愈陷愈深。最終，母親在無計可施的情況下將照顧歐普拉的職責丟給了歐普拉的父親。

正是由於父親，歐普拉的人生有了轉機。歐普拉在父親的教導下，改頭換面，並開始接觸演講這一領域。在一九七一年，歐普拉戴上了田納西州黑人小姐的桂冠。翌年，她進入田納西州州立大學主修演講和戲劇。後來，歐普拉在演講這條路上愈走愈順暢，成了美國著名脫口秀節目主持人，而她的訪談節目受到數以萬計的觀眾的喜愛。

歐普拉的童年是不幸的，然而她又是幸運的。在後來的人生道路中，她沒有沉溺在童年的悲痛中，而是積極樂觀地面對自己的過往。在節目中，她坦蕩、真誠，願意與大家講述曾經的悲慘遭遇，因而也讓觀眾為之動容。

在我們的人生中，都有過一段沒有陽光的日子。在那段陰霾籠罩天際的日子裡，我們看不到前進的方向，更沒有奔赴未來的動力。妳也許會自怨自艾、怨天尤人、自暴自棄……只是，在妳頹廢墮落的時候想想，有多少比自己更悲慘的人，卻在積極、樂觀地面對生活。他們堅強地與這個浮生亂世抗爭著，每天在心中開出一朵美麗的花。

生命的意義到底是什麼？我們的人生為何要遭遇沉浮？為何厄運會降臨在生命

之中？我們會感嘆，生活如果一帆風順該多好。可是，如果生活真的是一帆風順的，妳又怎能體會到陰霾籠罩後陽光的溫暖？

女性們，也許現在的妳正處於困頓中，苦苦尋找救贖的良方。也許妳正深陷泥沼之中無法自拔。可是，無論如何都請堅強地面對這一切，要相信陰霾總會被驅散，溫暖的陽光總會到來。妳需要的不是哀嘆，而是微笑著道一聲好，然後和它揮手作別。日後，妳會發現它們只是妳人生道路上的一段小插曲罷了，根本無足輕重。

親愛的女性，願妳的生命中每天都能開出一朵絢爛的花，以應這世事無常。

第三章

夢想：如果人生是一場夢，那就將它實現

那天，妳重新拾起曾經的夢想，小心翼翼地擦拭。身為女性，總是會因為性別而面對質疑與嘲諷，精心呵護自己的夢想，腳踏實地，靜候綻放。終有一天，妳會為自己戴上王冠。

誰都無法剝奪自己做夢的權利

陳歐：「夢想是注定孤獨的旅行，路上少不了質疑和嘲笑。但那又怎樣？哪怕遍體鱗傷，也要活得漂亮——我爲自己代言！」

如果人生是一場夢，那就努力將它實現。有人曾說：「一個人至少擁有一個夢想，有一個理由去堅強。心若沒有棲息的地方，到哪裡都是在流浪。」因為心中有夢，所以在面對生活中的世事無常時會有所期盼，所以無論身處何方、無論去哪裡流浪都是一場靈魂的救贖與回歸。

在電影《當幸福來敲門》有這麼一句話：「絕不能放棄你的夢想，要盡全力去追尋它。」不知道當妳聽到這句話時，是否還會心頭一顫。在我看來，夢想就是妳渴望實現卻暫時無法實現的事情。妳不說出口，因為害怕被人嘲笑；妳不敢去嘗試，因為害怕失敗；妳暫時不能去做，因為妳還沒有生存和立足的本事去放手一搏。

女孩，也許妳曾經夢想成為一位舞蹈家，一位音樂家，一位演員，一位畫家……可是這一切都和妳父母的意願相悖，和周圍的價值觀相悖，或是妳的家庭條件根本不足以支持妳去追尋自己的夢想。從古至今，藝術這件事本來就是富人們閒來無事、茶餘飯後的消遣。後來，妳為了不再為父母增添負擔，為了不再讓他們感到壓力，最後放棄了夢想，放棄了曾經留存於心的一點小美好。

現在有很多文章都提及，在自己根本沒有辦法生存的狀況下，有什麼資格去談夢想？有什麼資格去做那些難以致富的事？後來妳開始清醒，原來這就是現實，這就是普通人和有錢人之間的距離。後來，誰再與妳談夢想，妳也只是笑而不語，將那些夢都小心翼翼地留在心中，甚至寄託在自己孩子的身上。

女孩，即使妳放棄了夢想，那也無可厚非，因為妳也有權利這麼做。妳們都是這個世界上該被善待的好女性。不過，在這裡我並不希望用一種悲觀和被動的態度去應對這一切。其實，妳無非是害怕將自己的一切都賭在一場看不到未來的勝算中。的確，沒有固定的住所，沒有穩定的收入，錯過結婚和生養孩子的年齡，都是別的家長用來教育女兒的反面教材。可是，如果妳連嘗試都沒有，直接選擇了一個穩定、安逸的生活，幾十年以後再回想，不覺得遺憾嗎？

我還記得J．K．羅琳（J. K. Rowling）在哈佛大學的演講中表示，自己生在一個普通的家庭中，而她一直深信寫小說是自己唯一想做的事情。不過父母認為她這種過度的想像力並不是什麼好事，根本無法讓她應付現實生活的開銷。父母曾經希望羅琳能取得一個可以幫助她未來不用為吃穿煩惱的領域證書，不過她卻執意要攻讀英國文學。後來父母妥協了，但條件是羅琳必須把科系更改成自己希望羅琳去就讀的科系。不過等父母一離開現場後，羅琳立刻放棄了德語專業的科系，選擇了古典文學。直到畢業典禮那天，父母才發現這件事。她說父母也許認為，在全世界所有的專業領域中，不會再有比研究希臘神話更沒用的專業了，因為這些專業知識根本無法為自己換來一間獨立寬敞的臥室。

羅琳接著表示，自己曾經也害怕失敗，並且那時也的確很失敗。在一場短暫的婚姻後，她成為了單親媽媽，外加失業讓她的生活變得舉步維艱。也許除了流浪漢以外，她是英國最窮苦的人之一。曾經父母的擔憂都成了事實。不過，這一切都沒有打倒她。相反，羅琳非常感謝那段非常失敗的時光，因為那意味著自己擺脫掉一切不必要的東西，不再偽裝自己，從而將所有精力放到對自己最重要的事情上。如果不是因為沒在其他領域中成功過，她就不會在屬於自己的舞臺上樹立堅定的信念和決心。

著名企業家賈伯斯（Steve Jobs）曾說：「專注和簡單一直是我的祕訣之一。簡單可能比複雜更難做到：你必須努力釐清思路，從而使其變得簡單。但最終這是值得的，因為一旦你做到了，便可以創造奇蹟。」在這個時代，我們會面對很多選擇，也會考慮更多不必要的事情。正因為太多憂慮，才會愈來愈偏離自己曾經的夢想。反而當妳失去一切、一無所有的時候，也正是妳真正開始面對自己內心的時候。因為已經跌落谷底，所以根本不再害怕失去；因為一無所有，所以勇往直前，不懼失敗；因為心之所向，所以更加專注。

女性們，實現夢想的過程本身就是一段孤獨的旅行，受到質疑和嘲笑也在所難免，可那又怎樣呢？無論被多少人否定和質疑，妳都有做夢的權利，哪怕遍體鱗傷，那又如何？因為有夢，前路再艱難，命運再坎坷，妳都無所畏懼。

他人的質疑，不該成為自己前進的絆腳石

面對質疑聲，請不要停下前行的腳步，微微一笑後，繼續著自己的堅持和信念。

女性們，當妳面對質疑聲的時候，是否會懷疑自己的選擇？是否會因此放棄那個被小心翼翼呵護著的夢想？其實，妳不用理會那些質疑聲，更不要在質疑聲中停滯不前。那些質疑妳的人，也正是害怕妳的人。他們只能永遠在質疑中尋求安慰自己的良藥，在質疑中凸顯自己的偉大和成功，卻全然不覺那只會讓他們顯得平庸與無知。

在這個科技化的經濟時代，恐怕每一位選擇文學、歷史或哲學等人文學科作為自己專業領域的同學，都曾遇到過這樣的質疑——妳讀文組將來能做什麼？學習這些東西以後能找什麼工作？妳難道不應該去學一點對以後找工作更有幫助的東西嗎？除了這些質疑聲外，當然還有很多否定的聲音——不要再這麼執迷不悟了，去換個領域吧！理想是美好的，但現實是殘酷的，妳一定要好好想清楚！

朋友，當妳被這些質疑聲所淹沒的時候，大可不必太過在意或去理會，輕輕給予一個禮貌的微笑就好。那些聲音只是妳所身處大環境的主流價值觀，而妳應為自己

的專業感到驕傲，因為妳在功利主義造成的聲勢浩大中，保留最後一絲對生活的美好期盼。

還記得在電影《春風化雨》中有句話：「我們讀詩、寫詩並不是因為它們好玩，而是因為我們是人類的一分子，而人類是充滿激情的。沒錯，醫學、法律、商業、工程，這些都是崇高的追求，足以支撐人的一生。但詩歌、美麗、浪漫、愛情，這些才是我們活著的意義。」在這個世界上，正是那些被人們說起來無用的東西才成就了我們的夢想，才成了支撐我們一生走下去的力量。我們很難理解美好事物的落寞，很難理解這些事物被人們稱作賣弄或是矯情、做作。請妳一定要相信，這些都能塑造一個人的精神和人格，給予一個人堅定的信念，去面對生活中的風浪與沉浮。

女孩，不知妳面對質疑的時候會不會有一絲動搖？也許一兩次質疑並不會讓妳改變初衷，但如果是一千次質疑呢？妳還能堅持自己的堅持嗎？人都是脆弱而平凡的，不是銅牆鐵壁，也不能抵禦洪水般的質疑。最終，有人放棄了，但還是有很多人在被質疑了一千次後走到了最後，成為了更好的自己。

林志玲在自己創作的書本《剛剛好的優雅》中提及自己曾因娃娃音而遇到的各種事情。對於娃娃音受到部分人士不滿這件事，林志玲一開始也會質疑、否定自己，並試著去改變。不過有一次林志玲在機場，一位小姐聽到她的聲音便認出她的時候，林志玲意外發現娃娃音是一個提高自己辨識度的特質。她思考著自己為什麼要浪費上天賜予的這種特質和獨一無二呢？最終，林志玲還是選擇了留下這份特質。作為第一名模，林志玲用行動了告訴所有人：「我何必因為他人的言語左右自己的前進。」

林志玲自三十歲出道以來就飽受眾人非議，但她面對這些議論依舊保持著一貫的優雅與微笑。她沒有去爭辯，也沒有因此放棄自己的夢想，而是一步一步地朝著自己的夢想前行。現在她四十歲了，而上天似乎也待她特別寬容，沒有讓歲月在她的臉上留下一絲痕跡。

其實被質疑也是一次提升、證明自己的機會。當妳被認可與讚譽包圍時，其實是處於一種被保護的狀態，而這並不利於妳前行。當妳受到愈來愈多的質疑聲時，其實也是在慢慢地被更多的人認可。試想，如果妳無關緊要，如果妳普通平凡，那麼也不會受到這麼多人的質疑。所以，請積極地去面對質疑聲，將一切質疑聲都轉變為肯定，最後妳才會真正超越自我。

當然，面對質疑聲時，妳可以懷疑自己的選擇，也可以去做一些改變，但請不要因為質疑聲否定自我的價值，也不要因為質疑聲迷失了方向，或者否定自己的人生。妳的人生可以有很多種可能，無論妳做什麼，都不可能一輩子都得到肯定，也不可能一輩子風平浪靜。人生本來就是在一次次質疑中成長，在一次次質疑聲中發現自己存在的價值和意義，在無數次的質疑中肯定自己、堅定信念。

過了很久以後，我們再回想起曾經受到的質疑時，不覺感慨萬千。因為被質疑，有人離開了，有人堅持下來了，有人動搖了，有人……感謝曾經的質疑，感謝曾經的不被認可，感謝曾經的輕視，感謝曾經的否定，感謝曾經的……只是，回想這一切我們不再困惑、不再迷茫、不再痛苦、不再情緒欺負，最終我們成了更好的自己。

若決定出發，任何時候都不晚

妳瞻前顧後，因爲害怕失敗；妳遲疑不定，因爲擔心太晚。就這樣，時間被消耗在無關緊要的憂慮中，一生也便過去了。

曾經，我們有多少美麗的夢想都消失在現實的慌亂不安中；曾經，我們的信誓旦旦，最終卻因膽怯成了言而無信；曾經，我們本觸手可及的夢想，終究還是因為猶疑成了遙不可及的空想。

愛爾蘭詩人葉慈（William Butler Yeats）在《凱爾特的薄暮》（*The Celtic Twilight*）中說：「奈何一個人隨著年齡漸長，夢想便不復輕盈；他開始用雙手掂量生活，更看重果實而非花朵。」我們不是做不到，而是害怕太晚出發，害怕追不上同伴的腳步，害怕一輩子在平庸中度過，害怕被如潮的人海淹沒。

還記得當我在讀大學時，有位女老師大概三十出頭的年紀，教學態度嚴謹。我們都叫她麗麗老師。她說自己大學畢業後就一直留在鄉下教書，六年後她開始尋求改變，不想一輩子就這麼度過。她努力學習，終於考上了碩士班。當然，這並不是結束，而是開始。因為她嚴謹、踏實的教學態度，以及自身在專業領域頗深的成就，她又通過了博士班的考試，直至後來留在大學裡任教。

麗麗老師說，那時候周圍的人都反對她繼續讀書，覺得女生的學歷那麼高也沒有什麼用。最後還是做著普通的工作，拿著平凡的薪水，結婚生子。她沒有理會這些，只是拋開一切、孤軍奮戰。在大學時期，她一直鼓勵我們要多讀書、多努力，不要讓大學的時光虛度，更不要相信什麼讀書無用論，因為讀書可以為自己的人生帶來更多轉變。

女孩，如果妳的家境普通，沒有背景，無法仰仗；女孩，如果妳的相貌平平，無法尋找有錢人替自己包辦一切；女孩，如果妳身邊沒有一個對妳死心塌地的伴侶，能為妳撐起一片天……那麼，請腳踏實地去努力，唯有這樣才能改變自己的命運。在這個世界上，無論何時出發，只要妳願意，最終都能抵達想要去的地方。

舉一個例子。小美熱愛文學，但因為家人的干擾以及社會的期望，最終她在選擇大學就讀的科系時順應他人的理想，成為了商院的學生。畢業後她也的確順應長輩們的說法，進入銀行擔任職員。但小美心中對於文學的熱忱從未消失，甚至隨著時間的流逝一點點滋長。最終，小美決定排除萬難也要做自己喜歡做的事，於是在力抗父母的家庭革命後，父母終於妥協小美要從銀行辭職的決定，也不再干涉她想要進入文學領域的夢想。也恰好小美在銀行就職期間，存下了一筆不小的積蓄，能夠應付她日以繼夜的無薪寫作。就在她四十歲這一年，小美寄給無數間出版社的稿件中，終於有一間出版社寫信回覆小美，表示願意見面詳談後續合約與出版計畫。小美欣喜若狂，抵達出版社後便迅速簽訂了合約，出版社也如期完成實體書籍，將小美的創作正式帶入文學市場。沒想到故事受到眾人們的擁戴與歡迎，小美一夜之間成為了知名的女性作家，從此正式開啟了她的寫作之旅。

女孩，不知道妳對年齡有什麼樣的看法。不過，還是請妳淡化年齡和時間的概念，因為這根本不是阻止妳前進的理由。

親愛的女孩，妳總是瞻前顧後，無非就是害怕失敗；妳總是遲疑不定，無非就是擔心太晚；妳總是焦慮，無非就是恐懼別人的眼光，恐懼被人否定，懼怕此生成為最平凡的人。就這樣，時間被消耗在一切無關緊要的憂慮中，一生也便過去了。

安靜地努力，優雅地綻放

在那段努力奮鬥的日子裡，也許妳窮困潦倒，也許妳被人忽視，但妳感到快樂而心安理得。

因爲妳正在一步一步接近自己的夢想，即使那是別人輕而易舉可觸的平常。

也許妳心心念念的成功，不過是某些人眼中的平常生活；也許妳夢寐以求的工作，不過是主管打一通電話，或是有錢人用一張支票就能輕易得到的東西；也許妳身上背負的責任，只不過是某些人眼中的小菜一碟。也許，還有很多也許……這是所有小人物都不願意承認的事實，而現實就是這麼殘酷。

後來妳開始明白，自己生在一個普通家庭的事實，唯有努力才能改變自己的命運，也唯有努力才能將不可能變成可能。在部分孩子不用參加學測，只需要等著被父母送出國，增長見識的時候，妳還在熬夜苦讀，背著枯燥的知識與定義，看著那些妳不熟悉也不感興趣的各種算數公式發呆；在部分同儕不必擔心未來工作，直接繼承家族企業或直接被家裡安排空降某高級主管職位的時候，妳把書桌當枕頭，椅子當靠墊，每天備戰只為了升學考試，或者抱著厚厚的履歷擠在人山人海的面試現場，尋求一份足以養活自己的工作；在某些女孩在網路上發布名貴的奢侈品和下午茶的時候，妳卻穿著高跟鞋在如海的人潮中趕著與客戶見面，下班後回到套房只能倒頭就睡。

沒錯，妳是無數平凡女孩中的一員，妳沒有優渥的家庭條件，沒有超出他人的姿色，沒有過人的學識。是的，妳一無所有，卻能憑一腔熱血，以夢為馬。是的，我們都是這個時代的小人物，但我們都有一顆英勇而無所畏懼的心，相信可以透過自己的努力成為這個時代的英雄。我們都希望憑藉自己的努力，過上夢寐以求的生活，成為最好的自己。我們都希望變得獨立、堅強，在遇到生命中的另一半時，能夠挺直腰，能夠在談到錢的時候不低人一等，能夠為了愛情而非麵包地去展開一段婚姻。這一切都是我們努力的動力，也是我們堅持的理由。

儘管很多人都會在我們耳邊說：「女孩，還是醒醒吧，妳以為成功那麼容易嗎？妳在這個男人主導的世界裡做這些事根本就是徒勞，妳最終還是要結婚生子，學習成為一個賢妻良母，妳終究是個手無縛雞之力的柔弱女子，妳到底能憑什麼和父權主義抗爭？」

每當聽到這些表面上理性實則通篇荒謬的言論時，我都不會辯解，因為沒有白費唇舌的必要。女孩，也許當妳在徵人廣告中看到「只招男性」的時候，心裡會有一絲的失落與迷茫，不過請不要因此而彷徨不安。女孩，妳可以承認自己的渺小，但妳可以在自己的世界裡變得偉大。妳可以承認歲月不饒人，承認自己終歸不再年輕，承認最後要面對現實的一切，然而年輕時的顛沛流離、居無定所將是妳一輩子值得感謝的事情。

為夢想而奮鬥是一個非常美妙的。數年後，妳會發現那是妳人生中最美好的時光。為了節省支出，妳開始變得精打細算，不再因為喜歡就買下一大堆衣服和無數化妝品，購物時學會比價，學會自己做飯，學會克制自己的物慾。父母在電話裡提醒妳千萬不要為了省錢餓到自己，在外面要好好照顧自己時，妳看著他們匯過來的錢，眼睛酸酸的，但還是把所有的委屈都往肚子裡吞，說自己現在變得愈來愈好。後來，妳看著不需要刻意節食而往下掉的體重，突然不知該笑還是哭。回想那段時光，真是窮得只剩下快樂。

也許，終其一生妳都無法和那些富家千金坐在一起喝咖啡；也許，終其一生妳都無法縮短那些貧富差距；也許，終其一生妳都平凡普通。不過，妳生命的意義在這個過程中得以豐盛，妳生活的姿態在這個過程中變得優雅，妳生命的緯度在這個過程中得以延展。

女孩，生活不會辜負妳所付出的努力，而妳此刻為夢想奮鬥的每一個點滴終會成就一個閃閃發光的妳。當妳踏上這條路的時候，妳會看到自己的改變。妳會變得英勇而無謂，不再患得患失；妳會變得積極向上，不再自怨自艾、孤芳自賞；妳會變得謙卑、寬容，不再計較生命的無常，並且珍惜身邊的一切相逢與離別。

欲戴王冠，必承其重

欲達頂峰，必忍其痛。
欲戴王冠，必承其重。

蘇軾在〈水調歌頭〉中說過「高處不勝寒」，而這五個字也隨著時間變成了警示世人的話。高處是不勝寒，但他們沒有告訴妳，高處的風景真的很美。當妳登上高處時，隨著視野的開闊，一切美景都將盡收眼底，而妳也更加能包容這世間的萬千，好與不好。

女性們，在妳攀登向上的過程中，必然會遇到各種艱難險阻。抵達高處，並非像走在平地上那麼輕鬆。尼采（Friedrich Nietzsche）說過：「其實人跟樹是一樣的，愈是嚮往高處的陽光，它的根就愈要伸向黑暗的地底。」是的，欲達頂峰，必忍其痛。妳必須看到最黑暗的現實，才能見到最燦爛耀眼的陽光。因此，請堅定自己的信念，不要害怕沿途中遇到的妖魔鬼怪，也不要害怕暴風驟雨的侵襲，這都是妳必然要付出的一切。

同樣，妳也不要嘗試著憑藉他人的力量將妳抬到高處，因為這個背後是妳的不安與軟弱。當妳依附的那些人摔下山頂的時候，妳也會摔下去，甚至更加慘痛，連一絲餘地都沒有。女性們，請靠自己的雙腿登上頂峰，因為妳將體會到什麼叫心安理得，什麼叫收穫的快樂。

艾瑪．華森（Emma Watson）曾說過：「永遠不讓恐懼阻止我去做真心喜歡的事！」我很贊同她的觀點，也非常支持女性有一番屬於自己的事業。當然，妳不一定要成為女強人，也不必成為公司的老闆，因為那些成就的背後還有很多因素。作為普通女性，妳只需要有一份自己熱愛的事業，可以分散自己的注意力，不用每天圍著婚姻、家庭、子女等瑣事團團轉。無論職位的高低，只要能充分展現自身的價值就好。此外，事業可以讓妳不至於和社會脫節，與社會脫節是一件很可怕的事情。如果妳堅持要成為一名家庭主婦，那麼很多年後妳也許會遭遇某些不可控制的危機。

女性們，在這個世界上，人是會變的，事也是會變的，而妳唯一能掌握的就是自己，讓自己變得獨立而堅強。在生活中，有些事情是不可操控的。也許妳和另一半相愛時，愛得轟轟烈烈、驚天動地、你死我活，可是再過十年、二十年後呢？妳操勞多年，將一切心力都放在洗衣做飯、照顧孩子等家事上，最後也忘了照顧自己，這是一個不理智的投資方式。也許妳覺得這種觀點很悲觀，也很偏激，也許妳堅定地認為自己的另一半不可能變心，當然還有很多也許……

對於女性來說，最重要的是取得生活中的主動權，而這一切都將是妳受到另一半尊重的一個條件。不要數年後，妳的辛苦只換來親密之人的一句：「妳整天什麼都不做，白吃白喝，花著我的錢！」或者當妳看著心心念念的包包和衣服時，他只是對妳說一句：「不要亂花錢，省著點。」這個時候，妳才發現自己處在多麼被動的地位。

女性們，請保持自己的獨立和驕傲，也請戴上那頂屬於自己的王冠。雖然妳要承受它的重量，但妳也因此主導了自己的人生，成了驕傲的女王。

女性們，無論如何都不要輕易摘掉這頂王冠，因為摘掉王冠也就意味著失掉主動權，而妳必將為之付出慘痛的代價。

第四章

愛情：這世間的情事，終有一個了結

那天，妳將寫給他的情書都鎖進了櫃子，塵封。如果無法分開，那就選擇相守；如果不能相守，那就選擇忘卻；如果無法忘卻，就選擇銘記……這世間的一切情事，終歸有個了結，而作為女子，面對愛情，選擇一個灑脫、驕傲的姿態，繼續前行。

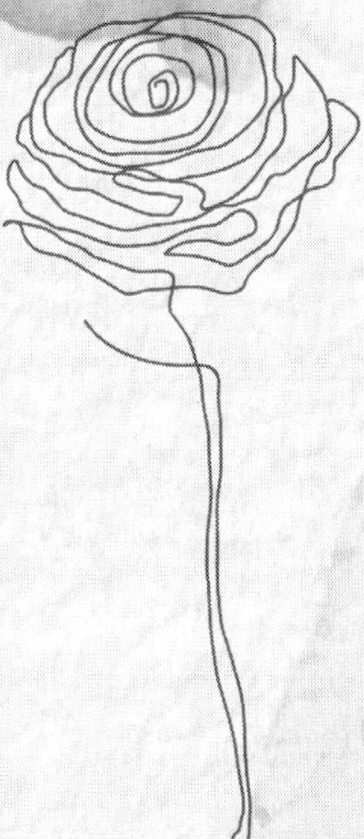

幸運的是遇見了你

那時的你們，喜歡都小心翼翼。
那時的你們，對愛情都絕口不提。
後來的妳總會在不禁意間想起他，
因爲那是妳揮之不去的青春。

在妳的青春裡，是否出現過這樣一個他？在還不懂愛情是什麼的年紀裡，你們互相喜歡，卻對這份感情絕口不提，小心翼翼地守護著這份美好。他就是妳年少時最美的記憶，也是妳的初戀。

在電影《我的少女時代》中有這樣一句臺詞：「在那個沒有手機、沒有網路的時代，消失是很容易的事。」

那天，我的朋友小雅拉著我去看一部電影《我的少女時代》。從開頭的風趣幽默，到後來的淚流滿面。朋友告訴我，她又想起了她的初戀小光，雖然他們之間只是一種單純的喜歡，其他什麼都沒發生，但這足以夠她回憶一輩子。

那時還在高中的小雅內向安靜，而小光外向活潑。小光是小雅隔壁班的同學，他們的相遇很戲劇化，就像偶像劇中的偶然。那天小雅準備要進教室，只見一個黑影從前面飛奔而過，將她手中的書都撞落在地。那個男生趕緊回來幫她撿起來，說了聲「對不起」後就匆匆進了隔壁的教室。

小雅當時也沒在意，只是那天以後經常會和他碰到面，操場、樓梯口、走廊、停車場。有的時候，她也會在經過他的班級時去看看他在不在。小雅說，其實那種感情很微妙，就覺得只要那天能遇見他，一切陰霾都會被驅散。再過了一段時間，她發現每天晚自習結束後都能遇到小光，原來他們回家的路是同一條，但他們依舊沒有打招呼，也沒有交集。就這樣，小雅守護著這份美好一直到高中畢業。

上大學後，小雅曾經想過要去找小光，不過還是打消了念頭。她不敢，也不好意思，因為怕自尊心受到傷害，怕這份淡淡的美好因她的唐突而被破壞。過了很多年後，有一次同學聚會聊起高中時代的往事時，同學告訴小雅隔壁班曾經有個男生暗戀過她。小雅很震驚，自己竟然從來都沒有發現過。同學告訴小雅：「其實幾年前有個男生過來問過妳的情況。後來他知道妳談戀愛了就請我保密，不要告訴妳這件事。」同學將那個男生的照片遞給小雅看，此刻所有的事情都真相大白了。這個時候，小雅才知道所有的一切都並非巧合，所有的偶然都只是「那個人」的有意為之。

其實他回家的路和自己回家的路完全不同方向，只是他一直在追尋她，那些年他一直在悄悄地喜歡她……

小雅說，她也曾試圖想過改變現在的一切和小光在一起，試圖為青春留下完美的句號，然而這一切都太過遙遠、太不切實際。很多事情都已經無法改變了，很多事情也不可能回頭了，因為他們都變了，他們都不再是曾經年少時的他們。小雅說，那段純粹而美好的感情只屬於青春，只屬於記憶。

當我們談及初戀的時候，總是有太多想要說卻來不及說的話，總是有太多想要做卻未完成的遺憾。雖然喜歡從未說出口，但都已經留在了那些年美好的時光裡。有多少人在《我的少女時代》中聽到言承旭那句「好久不見」時而淚流滿面，有多少人看到長大後的徐太宇會想到當年那個他……片中又想起了田馥甄的《小幸運》，動人而美好。「原來你是我最想留住的幸運，原來我們和愛情曾經靠得那麼近……」

在某個年紀裡，妳不知道會有誰悄悄喜歡上了妳的笑容，妳不知道會有誰渴望在妳的書桌裡塞一封情書，也不知道會有誰悄悄地拍下了妳的背影，更不知道會有誰為了妳和全世界為敵……曾經和男生講話都會臉紅的妳，曾經會在日記裡悄悄寫下某個男生名字的妳，曾經會偷偷經過他的班級、跑去球場看他打球的妳……

不用試圖去改變什麼，也不用試圖去挽回什麼，因為那都屬於妳的青春。即使你們都已經各自結婚生子，即使在心中都留下了那一絲遺憾與悔恨，那都沒有什麼，因為這是生命旅途中必然要經歷的缺失。我們相遇、相識，最後又各自奔赴自己的戰場，消失在茫茫人海中。

在我們生命的旅途中，有太多美妙的事，有太多還沒開始就已經結束的感情。在妳還不懂愛情的時候，也許愛已經悄悄降臨。或許，你們都該慶幸沒有走到一起，沒有打破曾經的那份安靜，沒有毀掉最初的那份美好。

就將所有的往事都塵封在時光中，就將所有的故事都掩埋在歲月裡，就讓所有的遺憾和悔恨都隨風而逝。願妳在微風中向他輕輕道一聲：「感謝曾經遇見你。」

那些年，不懂的愛情

那些年，妳還不懂愛。因爲不懂，所以放棄了那個如陽光般溫暖的男孩，放棄了那個視妳如珍寶的男人，放棄了那個什麼都不懂，卻什麼都又懂得的男人。

女孩，在妳還很年輕的時候，身邊是否有過這樣一個男孩子，不懂浪漫，不會疼妳，嘴巴笨拙總愛惹妳生氣……不過他陽光、善良、真誠，視妳為世上唯一的珍寶。那時的妳喜歡和他一起坐上學的公車，即使車上再擁擠，他也會背上妳和他的書包，做妳身邊的護花使者；那時的妳喜歡和他一起過馬路、逛公園，即使天再冷，只要把手伸進他的口袋裡，妳的心都是暖的；那時的妳喜歡和他一起吃各種小吃，臭豆腐、烤鳥蛋、炸地瓜球等等，即使第二天可能會不小心拉肚子，妳還是會嬉皮笑臉地回想起那個甜蜜的瞬間。

那時的愛情乾淨得沒有一點雜質，沒有任何世俗的困擾。那時的你們都處在人生中最美好的年紀裡，什麼都沒有，卻什麼都擁有。你們沒有事業、沒有財富、沒有房子、沒有車子，可是你們擁有最純淨的愛情、最遠大的理想、最堅定的信念、最清澈的靈魂……

只是，隨著年紀的增長，隨著閱歷的豐富，隨著與日俱增的現實壓力，妳已經不再是當初那個懵懂無知的小女孩。當愈來愈多的壓力迎面而來的時候，妳開始和他吵架，和他冷戰。這個時候，妳會愈來愈覺得家人曾經的勸告是有道理的，愈來愈覺得那些心靈雞湯式的愛情箴言是正確的。他們都在勸導女孩要面對現實，不要因為一時衝動去選擇了愛情、放棄了麵包。只是那些精神導師忘了一點，那些擁有麵包的男人大多也都是從一無所有的小男孩慢慢走來，又或者他們只是繼承了父母的「麵包」而已。

我還記得當年有個女同學叫小瑤，高中時期就和男友阿成在一起。那時的他們不顧家人、老師的阻攔，愛得死去活來，什麼都不能阻止她愛他的決心。終於，他們一起前往同一個城市讀大學，為他們的將來而奮鬥、努力。然而正當所有人都以為他們會結婚的時候，小瑤和阿成卻在畢業前分手了。大家都問為什麼，而小瑤只是無奈地說了句：「我等不到他成功的那一天。」

不到一年，小瑤就嫁給了一個富二代。結婚前一天，小瑤哭著對我們說，她愛阿成，愛到可以為他去死。只是她已經無法為這份愛畫上圓滿的句號，她更無法想像和阿成過上那種看不到未來的生活。她說，阿成還是高中時代的阿成，只是她已不再是當年的小瑤。她說自己變了，變得不像曾經那麼執著，變得不再純粹，變得更愛麵包，變得更喜歡這世俗的一切。

我們沒有在小瑤的婚禮上看到阿成。只是聽別人說，那天晚上阿成在酒吧喝到不省人事，被救護車送到了醫院。那一年，小瑤還不懂阿成。其實阿成一直在努力，努力讓小瑤能過上衣食無憂的生活，只是小瑤還不懂阿成的努力。在大學的時候，阿成為了為小瑤買一款她心心念念的香水，兼職三份工作。阿成可以盡自己的努力去滿足小瑤的一切願望，就算待自己萬般苛刻，只是那些年，小瑤不懂阿成。

又過了幾年，阿成的公司成立了，名叫瑤成公司。公司的開幕典禮上，所有同學都參加了，唯獨沒有小瑤的身影。阿成嘆了口氣說：「我曾經向她承諾過，以後的公司就叫瑤成，只是她已經不在我身邊了。」過了那麼多年，他一直把她放在第一位，就算是公司的名字也是如此。

這些年，我們聽過很多這樣的故事。儘管故事的主角不一樣，但情節一直在重複。女孩，如果他真的愛妳，一定會為了你們的未來而努力奮鬥。其實，妳並不是要多少麵包，要過上多麼富裕的生活，妳只是希望有一個安全感的生活罷了。可是那時，妳還不懂他的愛，不懂他的承諾。後來，當妳嫁給了一個什麼都擁有的人時，妳會發現其實妳一無所有。妳就這樣放棄了那個像陽光一樣的大男孩，放棄了那個視妳如珍寶的男人，放棄了那個什麼都不懂但什麼又都懂的男人。

女孩，是什麼磨平了妳生命的熱情？又是什麼讓妳放棄了那個一輩子都該珍惜的人？不知妳是否還記得那個拉著妳的手，走過春夏秋冬的男孩？不知妳想到曾經的那些年，心中是否還會為之一顫？其實，妳想要的生活都會實現，妳想要的安全感也終究都會擁有，但妳不願意等他，妳不懂他的愛。

與時空談一場異地戀

因爲愛你，任何距離都成了不足掛齒的小事；
因爲愛你，我變得更加堅強，更加勇敢。
因爲愛你，我願意與時空談一場異地戀。

有一種愛情叫做異地戀，就是在妳最美麗的年華裡，伴侶卻不在妳的身邊。很多情侶因為異地而分手，也有很多情侶因為異地而在一起。其實，異地戀就是兩個人對愛的堅持、對愛的信仰，以及與時間和空間對抗的決心。

韓國有一對異地戀情侶，拍攝了一組名為「一半一半」的照片，以此來紀念他們的異地生活。女生身處美國，男生身居首爾，兩人之間有十四小時的時差。照片由兩張同時拍攝的異地照拼湊而成，其中有他們隔空相望的組合，還有他的筷子、湯勺與她的刀叉之組合、他的日出與她的日落之組合、他的泡菜與她的三明治之組合……這組創意性的照片引來了網友們的熱議，也引起了廣大異地戀情侶的共鳴。因為不能在一起，所以只能用這樣的方式來表達愛意，表達思念。正如原唱者歐得洋在《孤單北半球》中唱的一樣：「別怕我們在地球的兩端，看我的問候，騎著魔毯，飛，用光速飛到你面前……」

也許因為學業，你們必須分隔兩地多年；又或許是因為工作，他不得不離開妳一段時間。因為沒有他的陪伴，妳不得不將自己變成一個獨立、堅強的女性，什麼事情都學著自己解決。妳可以一個人拖著笨重的行李箱，走過冬日潮濕的地面，穿過夏日陽光的曝晒。妳可以換燈泡、修馬桶、組裝櫃子，一個人提著一堆生活用品回家，一個人……

因為異地戀，妳討厭一個人去超市，討厭一個人走在人群之中，唯有安靜的咖啡館才適合妳。因為異地戀，妳寧願將食物帶回家吃，也不願一個人在外面。妳害怕看到那些牽手走在一起的戀人，害怕甚至討厭過情人節、耶誕節，因為這一切都離妳太遙遠。

因為異地戀，妳習慣了和手機對話，習慣了每天抱著手機說晚安，習慣了每天和手機說早安。貼圖變成妳向他撒嬌的唯一方式。他也會每天用一個虛擬的表情吻妳一下，或者抱抱妳、簡單地摸摸妳的頭，而這一切都會成為妳倍感珍惜的小美好。

看著身邊的那些情侶都因為異地而分手，妳也有過動搖，甚至有一絲的崩潰。在生病的時候，妳多希望有他陪伴在側，而不是一個人在深夜中咳嗽、高燒不止；在妳過生日的時候，多希望他捧著鮮花陪妳一起吹蠟燭，而不是一個人買一小塊蛋糕對著手機、電視發呆；在妳生活中遇到各種不順心的事情時，妳多希望他能夠在身邊給一個溫暖的擁抱，而不是隔著冷冰冰的電話哭泣……

後來，當妳堅持不下去，想要放棄的時候，妳才發現其實他和妳是一樣的。他每天也是一個人學習或工作，壓力大的時候會用運動去釋放，沒有人陪伴的時候就睡覺，或是和朋友們玩遊戲。他每天都很努力，努力為你們的未來而拚命，堅持著這份漫長的等待。因為有妳，他拒絕了身邊女孩的殷勤，拒絕了曖昧不清的感情；因為有妳，他每天打開手機螢幕看著你們的合照就心滿意足；因為有妳，他省吃儉用存下要去見妳的機票費用……

後來，當你們再見面的時候，他像個犯了錯的孩子，緊緊地抱著妳說：「親愛的，不要離開我。」那個時候，妳會突然崩潰大哭……對於感情，你們都一樣脆弱，你們都一樣執著。不要認為自己是女孩，所以理應覺得身邊該有個人來照顧妳、陪伴妳。這樣的藉口只是用來掩蓋妳經不起長久的寂寞和漫長的等待，只是用來掩蓋妳受不了外界的誘惑和無盡的虛榮。

也許你們的距離橫跨了大半個地球，也許你們的時差相隔了十二個小時，也許你們要跨過四季才能見上一面。不過即便如此，妳都應該感到欣慰，因為妳守住了一份信仰。當妳能夠守住自己的心，克制自己的欲望時，當妳能夠抵抗時空的考驗時，你們的愛將不再像玻璃那般易碎，而會變得像鑽石一樣堅不可摧。

以灑脫的姿態和過去告別

他在妳的生命中已經翻頁，成了過去式。現在的妳，值得被更好的人去愛。

很多女性在分手後都無法忘懷舊愛，甚至整日沉浸在過去中不能自拔。她們為某個人哭過、心碎過，卻忘了好好善待自己。女性們，對於傷害過妳的男人，就該堅定地將他拋諸腦後。這個世界上沒有什麼捨不得，也沒有什麼值不值得。

也許很多人會說，妳為了一個男人付出了那麼多年，最後淪落到分手的下場真的不值。他們會說妳該挽回他，畢竟妳已不再年輕了。如果身邊有這樣的話，那就當沒聽見吧。什麼叫不年輕？這完全是一種偏見。就算沒有了他，妳也一樣可以將自己變得更加高貴、優雅。妳的生活中還有更精彩的事情可以做，妳還會遇到更好的、更值得妳去愛的人。

小夢曾經是一個美麗、開朗的女孩，也找了一個各方面條件都相匹配的男友。他們在一起三年，已經到論及婚嫁的地步。只是有一天，那個男人突然和小夢提出分手，說小夢太優秀，自己感到壓力太大。分手的事情來得非常突然，讓小夢有些措手不及。不過，事後小夢才發現這只是一個騙局，只是一個冠冕堂皇的理由。「太優秀」只是那個男人的藉口，因為他愛上了其他女人。

當她對他發送訊息、打電話都沒有得到回應時，她才明白自己徹底被玩弄了。當時錯愕的小夢瀕臨崩潰，每天像發瘋了一樣。這是一場蓄謀已久的分手，然而這僅僅是一場戰爭的開始。小夢不甘心就這麼被玩弄，便開始報復他。她在自己的交友圈裡將男方罵得十分不堪，並想盡辦法要找到了那個小三所有的社交帳號，四處辱罵她。一開始的時候，大家還很同情她。不過，一段時間過後，她依舊見誰都痛罵那個男人，痛罵他的無情無義。只是這時已經沒有人再同情她，沒有人有耐心地聽她一遍遍訴說。

在一開始小夢就輸了。她在這份感情上賭上了自己的全部，丟棄了自己所有的驕傲。她本該是那個驕傲的女王，卻因為太在乎而卑微如塵埃。經歷了一場失敗的戀情後，小夢整個人都變了，愛上喝酒、抽菸，整個人每天都顯得非常頹廢，像老了十歲，再也沒了曾經的自信與開朗。她整天哭喪著臉，根本無心工作，更無心憧憬未來。她說自己不甘心，不甘心這麼多年的付出與青春。

有多少女性像小夢這樣，分手之後元氣大傷。這種狀態並不能讓妳真正獲得誰的同情，自暴自棄的方式也不會讓他回到妳的身邊，只會讓妳被某些人不懷好意的人嘲笑罷了。

一個女性，在面對感情的事情時該有自己的姿態和驕傲。妳並不是為了一個男人而活，更不該為了一個男人而拋下所有。哪個女性不會在人生的道路上摔一跤或是生一場大病？就算被劈腿了又怎樣？他劈腿了，只能說明這個男人配不上妳。妳該擁有一個更好的、更疼愛妳的男人。

也許妳的情路不順，也許妳總是遇不到好的人。不過，就算這樣也不要忘記自己的驕傲。一個女性的價值並不是透過某個男人而彰顯出來，一個女性的美麗也不需要透過某個男人來襯托。在時光的醞釀中，妳應該像香料一樣變得更加珍貴。這世間的很多事我們都無法改變，人心易變，感情也會變質。不過有一點我們可以把握住，那就是一個女性的驕傲。在分手後，妳該讓自己變得更好，變得更加優雅與從容。面對逝去的感情，妳就該用一個瀟脫的姿態向它告別，然後微笑著重新上路。

執子之手，與子偕老

愛情，不是甜言蜜語，也不是花前月下。而是兩個人在經歷大風大浪後，共同成長，成就最優秀的彼此。

在年輕的時候，妳總以為愛情會像電影講述的那般驚天動地，也總幻想著愛情像王子與公主那般浪漫美好，妳甚至將自己想像成故事中的女主角，等待騎士的出現，然後談一場轟轟烈烈的戀愛……然而，這些都是被藝術化的愛情。真正的愛情遠比故事要平淡，也遠比故事要精彩。

一對男女從相識、相知、相戀，最後走入婚姻的殿堂，遠比想像中要複雜。你們的結合意味著從此以後，你們兩個人是一體的，榮辱與共。愛的最高境界就是和對方承擔一切過錯、分享一切榮耀。而不是那句古話所說：「夫妻本是同林鳥，大難臨頭各自飛。」不過這句話的確道盡了人世間愛情的脆弱。有多少相愛的人，只能同甘不能共苦，又有多少戀人在苦盡甘來的時候分道揚鑣。

我們曾看到許多演藝圈情侶在分手後，都無法給對方好臉色看。他們在網路上互相攻擊、咒罵。甚至粉絲也加入了「戰場」，最後弄得人盡皆知。我們不禁在想，他們是否真的愛過。如果真心相愛過，最後怎麼能說出那些傷害對方的話語？演藝圈的愛情就像是現實的縮影。

好比二〇二一年四月，臺灣女歌手謝采紋（藝名：采子）和臺灣男藝人何孟遠發生不正當的男女關係。雙方在成為祕密戀人以前，各自都已有另一半。東窗事發後，謝采紋與何孟遠雙雙在個人網站上發表道歉聲明，然而女方的道歉聲明卻牽扯出女方自己的母親，甚至將過錯都推給男方，造成網友對此事無法理解、忿忿不平。而何孟遠的女友何紫妍（藝名：荳荳）則痛心發表譴責聲明，認為謝采紋身為自己的好友，卻與自己的男友有染，令人失望。事後謝采紋發表第二則道歉聲明，卻仍平息不了怒火。而謝采紋的男友邱鋒澤，其好友兼同事張暐弘則在事發後數日，於個人網站上指出謝采紋早已和邱鋒澤交往，唯謝采紋數次要求邱鋒澤不要將此事公開。消息一出，大眾一片譁然，因謝采紋在兩則道歉聲明中完全沒有提及此事，只有針對邱鋒澤經營的原音經紀公司提出道歉一說。而何紫妍的好友陳敬宣及吳婕安（藝名：元元）也為了此事不斷在官方帳號裡抨擊男女方的劈腿行為，造成事件延燒好一陣子才終於平息。

何紫妍與何孟遠雖在網路上隔空喊話後就結束互動，但因好友陳敬宣及吳婕安出於保護朋友而造成此事件在網路上不斷發酵，進而牽扯出更多問題。而從謝采紋與何孟遠的出軌事件，可以看出事發後何孟遠並沒有得到謝采紋的支持，反而單方面被迫承受一切過錯。戀愛本是一段佳話，但由於在錯綜複雜的關係下，終究成為了當事者與當事者好友在網路上劍拔弩張的「文字戰場」，互相撕破臉的行為除了造成大眾觀感不佳，也暴露了自己的隱私。

在《小王子》(Le Petit Prince) 中有這麼一句話：「你在你的玫瑰花身上耗費的時間使得你的玫瑰花變得如此重要。」在日後的幾十年裡，也許妳會遇到許許多多的玫瑰，也許它們更加美麗，但是它們都不及妳星球上的那株玫瑰。因為妳的精心澆灌，它在妳眼中是那麼與眾不同，在妳眼中是那麼耀眼；因為妳的付出，妳的玫瑰才成為妳最獨一無二的珍寶；因為在星球上，有它與妳相互陪伴，才讓妳不再感到孤單。因為這朵玫瑰的出現，妳黯淡的人生變得如此絢麗多彩，變得有所期待。

女性們，在妳選擇人生伴侶的時候，相貌、財富、權力、地位等一切外在條件都沒有那麼重要。最關鍵的因素是他能否願意和妳攜手走過人生的荒蕪，能否願意陪妳一起去面對人生的沉浮，能否願意在風浪面前堅定地捍衛妳、保護妳，能否願意與妳相濡以沫，成就最好的彼此。

第五章

苦難：對人世留有一份柔軟

那天，妳的世界一點一點崩塌，妳卻依舊對這人世保留了一份柔軟，用一顆慈悲的心去應此生的悲情。作為女子，面對生命中突如其來的災難，淡然以應。

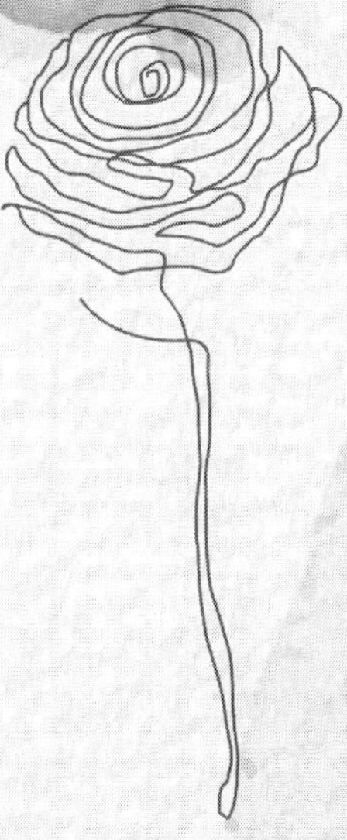

劫後餘生，對人世留有一份柔軟

苦難對於生命的意義，並非只是讓妳變得堅強和不畏懼，還讓妳在看盡這世間的涼薄後，對它依然留有一絲柔軟，對它依然滿懷期待。

妳是否記得上一次痛哭是什麼時候？妳是否記得那天送走至親時的悲傷欲絕？妳是否還深受病痛的折磨？妳是否還在人生中苦苦尋求著靈魂的救贖……很多女性在經歷生活的變故後會變得更加冷漠和悲觀，對未來不再有期盼。她們的心在苦難中被擊得粉碎，再無一絲暖意。心如死灰是一件非常可怕的事，意味著在往後的人生中妳已走向了衰老和死亡。

我們一直在追問上天，為何讓自己遭受苦難，為何讓自己沉浮於驚濤駭浪的拍打中。也許妳曾經有想放棄的那一刻，但最終還是堅強地走過那段時光。之後，妳會感謝那段時光，感謝那段看不見光的歲月。因為那段日子，妳變得堅強，變得不再懼怕一切。其實，過了很多年後妳才會發現，那段時光帶給妳的不僅是內心的堅強，更是在看盡世間涼薄後留下的一絲柔軟。

小薰是我從小玩到大的好姐妹，樂觀、開朗、陽光。我幾乎沒未見她流過淚，也從未見過她臉上有什麼憂愁。還記得與小薰在一起的日子，一切煩惱都能化作暖陽。每年回老家找她，都會像小時候那樣在床頭和她聊天聊到深夜，談著這些年的生活趣事。這個時候，我們似乎都從未長大，似乎都沒有改變。直到有一年回去時，我發現她的話明顯少了很多。

後來我才知道，小薰在懷孕三個月的時候意外流產了。當時她的老公在外地出差，只有她的母親陪在她的身邊。她說自己永遠都無法忘記那日的情景。也就在一瞬間，陪伴自己三個月的小生命與她告別，從此她與這孩子再無緣分。

小薰說自己突然變得很脆弱，什麼都不想做，只想著那個已經去了天堂的小生命。在流產後的幾個月裡，她一直都無法走出來，一直都在責備自己。如果當時自己聽話，按時去醫院做檢查，最後也不會失去寶寶。後來老公抱著痛哭的她，表示沒有關係，以後還會有。不過，小薰說老公並不理解她，因為他不懂一個小生命在體內慢慢長大的過程，那是生命的跳動。

流產後，小薰兩年內都不再渴望懷孕這件事，因為她還惦記著那個去了天堂的寶寶。後來，她每個週末都會帶著自己做的蛋糕和餅乾，去孤兒院看望那些可愛的孩子們。每當看到孩子們燦爛的笑容，她都感到非常幸福。因為有這群可愛的天使，這個世界變得如此美好。小薰說，寶寶的離開讓她的心變得更加柔軟，讓她對這個世界更加寬容和慈悲。

伊莉莎白．格拉瑟（Elizabeth Glaser）是美國著名的愛滋病運動家。她美麗、聰明，是影視明星兼導演保羅．邁克爾．格拉瑟（Paul Michael Glaser）的妻子。她的生活原本沒有憂愁，沒有苦痛，更沒有悲傷與彷徨。只是，隨著女兒的降生，一切都改變了。那年在生第一個孩子的時候，她因大出血接受了輸血。然而，在女兒四歲的時候，有一天胃部突然開始劇痛。她這才發現自己當年輸了愛滋病患者的血液，後來哺餵母乳時將愛滋病傳染給了女兒，那時還在子宮裡的兒子也受到了感染。讓人絕望的是，美國當年批准治療愛滋病的藥物只限用於成年人，因此她只能眼睜睜地看著年幼的女兒走向死亡。如果是一般人，肯定無法承受這一切。不過老天的計畫並沒有得逞，這場飛來橫禍沒有打倒她，而是讓她積極地投入到關愛愛滋患者的理念中。她創立了兒童愛滋病基金會，並且到處進行演講，呼籲社會各界人士放大對治療愛滋病的投入。雖然她在一九九四年病逝，但她為愛滋病兒童做出了巨大的貢獻。

在一九九二年的民主黨全國人民代表大會上，她說自己一開始只是一位母親，為了孩子的生存而戰。然而一路走來，她不僅看到了美國社會對於愛滋病患者的不公，更看到了對窮人、同性戀者、有色人種、兒童的不公。當妳開始呼求幫助的時候，沒有人會聽到妳的哭訴，更沒有人向妳伸出援助之手。這場災難改變了伊莉莎白．格拉瑟的人生，並讓她積極投身於大眾服務。

不知妳是否還記得張愛玲對胡蘭成說的那八個字：「因為懂得，所以慈悲。」過了多久妳才漸漸懂得這八個字的深意？曾經的我們堅不可摧，曾經的我們不可一世，可是在暴風驟雨過後，心中更多的是一份慈悲和柔軟。後來，妳會變得更加愛這個世界，更加善待所有身處苦痛中與爭議中的人。貧窮並不是因為他們不努力，同性戀也並非是什麼怪物，種族更不該成為偏見的代名詞……

女性們，願妳在劫後餘生後，對人世依舊保留一份柔軟和慈悲，願天際的光照亮妳來時的路，願妳的一生平安和喜樂。

在絕望中重生

絕望不是死地，而是孕育新生的開始。風暴終有一天會過去，新的遠行也即將來臨。

我們都曾身處絕望無助的時光，苦苦掙扎，找不到出路。我們都曾被生活所逼迫，在逆境中硬著頭皮堅強地前行。我們都是芸芸眾生中的普通人，卻也都是生命中獨一無二的自己。

朴槿惠是大韓民國第十八任總統，雖然她在當選總統後出現了許多政治詬病及引起社會譁然的「國務干政」醜聞，使得朴槿惠最終進入韓國監獄服刑，也被罷免總統一職。但不置可否的是，她的確有一段令人感到惋惜的過去，而這段經歷也造就了朴槿惠成為韓國史上第一位女總統，重新寫下韓國的政治歷史。

二〇一二年十二月十九日，朴槿惠當選大韓民國第十八任總統，她也是韓國歷史上第一位女總統，她的當選宣言是：「我沒有父母，沒有丈夫，沒有子女，國家是我唯一希望服務的對象。」這樣的競選宣言樸實而真誠，透著一絲悲涼，卻又充滿了一絲希望。

朴槿惠的父親是前總統朴正熙，母親是前「第一夫人」陸英修。一九七四年八月十五日，朴槿惠的母親在參加某紀念活動時遭遇槍擊，中彈身亡。當年二十二歲的朴槿惠得知母親被刺殺的消息後，便匆匆結束法國的留學生涯，回國後一度代行母親「第一夫人」的部分職責。然而在一九七九年十月二十六日，朴槿惠的父親被情報部長金載圭槍殺於官邸。父親離世後，朴槿惠被迫離開青瓦台，消聲匿跡十幾年。她拒絕婚姻，因為深刻懂得政治家庭的悲劇，更害怕重演那樣的悲劇。

此刻，我們看到的不僅僅是一位政壇領袖，更是一位堅強而勇敢的女性。作為一位女性，二十多歲時父母雙雙遭遇刺殺，從此以後拒絕婚姻，無兒無女。她忍辱負重，如今又重返青瓦台，這當中要經歷多少精神的折磨，才能重燃與現實鬥爭的決心和鬥志。

她在自傳《絕望鍛煉了我》中說道：「人活在世上，難免會經歷坎坷或吃虧，也有可能經歷背叛，這些都是無法逃避的。就像這天氣，不可能永遠都風和日麗。冷熱交替，嚴寒酷暑，這些都是正常的。」在她質樸的敘述背後是無數次嚴寒酷暑的煎熬，是無數次日落月升的照面，是無數次孤獨寂寞的等待。

當生活將妳逼到走投無路的境地後，不要否定自身的價值，更不要畏懼前路的艱辛。妳要相信絕處終會逢生，暴風驟雨過後即是風和日麗。《孟子．告子下》有「天將降大任於是人也，必先苦其心志，勞其筋骨，餓其體膚，空乏其身，行拂亂其所為，所以動心忍性，曾益其所不能。」在孟子眼中，苦難與絕境並非是壞事，而一個人將被上天委以重任的先決條件。當一個人能夠經受意志的摧殘與折磨，筋骨的勞累、身體的飢餓、全身的困苦、各種打擊的折磨。唯有這樣才能塑造他堅韌的性格，增加前所未有的決心，最終成就一番大業。

只有在經歷困苦後，我們才會變得更加堅決、果斷。女性們，絕境在結束妳安穩生活的同時，也為妳帶來了新生。妳所經歷的絕望並不是永無翻身的死地，而是孕育新生的開始。暴風驟雨終有一天會過去，而新的遠行也即將來臨。

缺陷，也可以成就好的人生

我們生來都有缺陷，我們生來就不完美，可正是因爲這些缺失，我們才可以締造「不可能」，才能變得閃閃發光，成就最好的自己。

女孩，面對人生中的痛苦與缺失，也許妳會鬱鬱寡歡，也許妳會變得封閉自卑。當然，妳還可以有另一種解決方式，就是將生命中的缺失看作激發自身無限潛能的開始。

她叫艾米．穆林斯（Aimee Mullins），天生沒有小腿腓骨。在一歲的時候，她就做了膝蓋以下的雙腿截肢手術。父母為了讓她像正常人一樣生活，並沒有對她有過多的關照。她本來也許會一輩子都擺脫不了輪椅的束縛，背負失去小腿的壓力，承受外界的歧視。然而，艾米用自己的堅強與毅力走了另一條路。在兩歲的時候，她就學會了用義肢獨立行走。她曾表示自己從小就和義肢一起成長，甚至可以走路、跑步。她從來沒有坐過一天輪椅，並且和有同齡孩子一起玩耍，爬樹、騎車、帶球過人一樣都不少。這沒有什麼差別，唯一的不同就是她是用義肢來完成這一切的。

其實，艾米的人生走上截然相反道路的根本原因是，她從來沒有覺得自己有什麼缺陷。當別人誇獎她的腿非常美，根本就不像殘障人士時，她反而覺得很奇怪，因為她從來沒有覺得自己是殘障人士。正因為這種對人生的態度，她在高中時期就成了壘球運動員、滑雪高手，在二十歲的時候參加了夏季殘疾人奧林匹克運動會，並且締造了新的世界記錄。

後來她前往美國喬治城大學攻讀歷史和外交，在假日時她會作為情報分析員，在五角大廈裡實習，這個兩百四十九人的部門裡她是唯一的女性。她是美國大學生體育協會第一級田徑比賽的首位雙腿截肢選手。她不僅在運動場上創下兩項世界紀錄——女子一百公尺跑步和女子跳遠，也還在其他領域嘗試。畢業後，她也走過秀，又在馬修．巴尼（Matthew Barney）的《懸絲》（Cremaster）中以豹皇后的形象出現，還擔任了體育電影節的官方大使。

艾米．穆林斯將不可能變成可能，並締造出更多的奇蹟。她在演講中指出，義肢的作用不再是代替身體缺失的部分，它為佩戴者帶來了無限的想像，創造出了更多的不可能。她鼓勵那些和她一樣的人們，成為塑造自己身分的建築師，挖掘出更多的潛能。她將缺失變成了獲取更多力量的轉捩點，也是突破人類自身性質的源泉。

她讚美那些令人心碎的力量，因為這些戰勝缺失的力量，更多人才變得閃閃發光，成為不一樣的自己。

面對生活中的不完美和缺失，我們不該只是將自己局限在一個狹小的角落裡，並小心翼翼地去輕撫那些傷口，或者去沉迷於那些傷痛。這些傷痛不該成為妳挑戰某些不可能的障礙。

我還記得在學測前一個月，小茵的爸爸因為癌症去世了。那個時候，同學們都害怕她堅持不下去，害怕她會想不開，害怕她出什麼事。然而，她為父親辦完喪事後就回到了學校。父親的離世讓她憔悴了很多，但絲毫沒有減弱她的戰鬥力。大家害怕影響小茵的情緒，開始變得小心翼翼，在做某些事情的時候都會考慮她的情緒。小茵發現後卻非常堅定地說：「我現在很好，請大家不要因為我失去了父親而特別照顧我，也不要因為這件事而對我有什麼改變。」她沒有變得脆弱不堪，而是變得更加堅強。最終，她保持著良好的狀態、堅定的信念考上了臺灣大學。

學測後，小茵表示那個時候她不僅要備戰學測，面對父親離世的事實，還要安慰母親的情緒。在父親離開的幾個月前，她也曾一度崩潰過，不過最後還是挺過去了。她說：「就算生活再艱難、再黯淡無光，都不能放棄。而且我有也有責任去承擔某些事情，比如不能讓母親沉浸在失去丈夫的悲痛外，還要來承受我學測失利的壓力，那麼她日後的負擔會更加沉重。」

小茵上大學後，憑著自己的努力付清了所有的學費和生活費。後來，因為優異的成績與突出的能力，小茵獲得了一筆不小的獎學金。她表示，希望父親能在天上安心，希望自己能陪著母親能堅強地生活下去。現在的她樂觀、自信、開朗，再大的風浪都無法阻礙她前進的道路。

儘管生命中的某些痛苦與缺失是無可避免的，儘管還沒等到妳做好準備就要面對生命中突如其來的苦難，但請不要因此彷徨不前，甚至失去面對生活的勇氣。面對一切苦難與磨礪，面對世事滄桑，妳可以做出另一種選擇，可以締造出更多的神話，最終成就更好的自己。

以溫柔之姿，面對悲苦蒼涼

作爲女子，何以面對生命中的悲苦蒼涼？以溫柔的名義。

溫柔，是女性身上獨有的特質，在歲月的碾壓中變得愈加芬芳。那些生命中悲苦的記憶，宛若畫布上的一抹水墨，沉靜而又美好。

舉一個例子。小汪受邀為某集團的董事長，小芳女士寫一篇傳記。對於她的故事，民間眾說紛紜，大部分都傳言她是某企業家小蘇先生晚年時期的祕密情人，陪伴他度過了最後的時光。小芳女士完全沒有四十歲女性的滄桑，也沒有商人身上那股俗氣，反倒有一種雲淡風輕的優雅氣質。

小芳告訴小汪，那年她罹患了睡眠障礙，眼前經常出現幻覺。她一直都不敢承認自己患有精神分裂症這一事實，無法醫治，只能自救。鎮靜劑只能麻痹神經，暫時平穩情緒，但起不到根除的作用。後來，在一起五年的男友再也無法忍受這種折磨，永遠消失在她的生命之中。為了療傷，也為了緩解病痛，小芳放棄原先令人眾人羨慕的工作，申請到外國擔任華語老師。然而在某一天，她突然病發，將整間教室砸了。她被開除，同樣面臨簽證問題，很快就要被遣送回國。就在她走投無路的時候，學校的一位老師幫她介紹了一個工作——在熱帶雨林植物園擔任中文翻譯。由於她擁有豐富的工作經驗，加上流利的英文，很快就應徵上了植物園的工作，也得到了老闆，也就是小蘇的賞識。

她說生活最精彩的就是它充滿了不確定因素。正當妳以為日子將會按照正常的軌跡發展下去時，它卻會反轉成另一個樣貌，讓妳措手不及。不過，也正是那突如其來的不確定，才給了妳戰勝一切的勇氣和決心。

小芳還記得那年十二月的最後一天，一群人來參觀熱帶雨林，而作為中文翻譯的她為他們解說。可就在這群人中，竟然有她原來那所學校的校長。那個校長認出了她並詆毀她。眾人議論紛紛，都像躲避瘟疫一樣地逃開。要嘛逃避，要嘛面對。小芳告訴自己，就算再怎麼艱難也要硬著頭皮走下去，大不了就是被遣送回國。後來，她才知道，那天小蘇將那位校長趕出了公園，他不希望任何人侮辱他的員工，這位蘇先生彷彿給了她重生的希望。

聽了她的這些故事，小汪心頭一顫，原來在雲淡風輕的背後卻藏著這麼多無法言說的祕密。然而，事情並非如此簡單。沒過多久，小芳的病情加重了，出現了前男友的幻覺，需要終身服藥。其實，那時候她準備要離開了，不過這件事讓她打消了念頭，加上小蘇再三挽留，她決定留下來。其實，她並不是小蘇的地下情人，小蘇是將她當作女兒來看待的。小蘇一生未婚，這其中原因無人知曉。後來，小芳作為他的私人看護（儘管她自己也需要被照顧）陪他度過了最後的時光。或許是小蘇的感激之情，又或許是小芳本身的管理能力，他將事業全部託付給她。小芳為了報答小蘇曾經的收留之恩，一直都沒有結婚，因為她害怕引發財產問題，葬送了小蘇一生的心血。其實，她沒有結婚的另一個原因就是自己的病。儘管這些年來她一直都在服用藥物，但是前男友的幻象依然會在某個特定的時候來到她的生活裡。她現在已經明白，自己將永遠無法擺脫他，她根本不可能帶著他的幻象去和另一人生活。

當謎底揭開的那一刻，小汪有一種說不出的酸楚感。原來眾人都錯了，流言蜚語僅僅是世人茶餘飯後的消遣娛樂，真正的苦楚只有當事人了解。命運為這個女性帶去太多不該承受之重，也因此成就了這個女性。洗淨鉛華，泰然處之。

後來，小汪詢問小芳為什麼要寫傳記，她說是為了感謝小蘇，也是為了感謝生命中的一切，才能讓她成為現在的自己。她還記得父親在她十五歲的時候被追債，最終跳樓，母親也因此消失了。從此，她需要依靠大量的鎮靜劑去維持正常生活。

她跟小汪說，希望能將所有的故事都記錄下來，但這一切在她生前務必封存。小汪被這個女性強大的內心所震撼。四十歲的她，經歷世事滄桑、人情冷暖，卻依舊能如此淡然、優雅，著實不易。

女性們，請不要被命運的槍林彈雨所摧殘，也不要葬送在命運的刀光血影中。面對生命中的悲苦，請用溫柔的名義，笑著和它說一聲：「你好。」

那些堅強地走在時光中的女性們，不再惶恐與不安，更不再徘徊與不前，而是用一顆溫柔、慈悲的心融化了這蒼涼的歲月。

苦難——抵達靈魂的彼岸

當一切繁華與落寞都煙消雲散後，我們終將看到生命的本真，領悟苦難的意義，抵達靈魂的彼岸。

那時的我們並不明白苦難的意義，更不懂該如何去面對苦難。我們在苦難面前變得懦弱、彷徨、惴惴不安；我們痛恨苦難，因為它奪走了我們的幸福，因為它讓我們膽怯、退縮，因為它讓我們懷疑人生的價值。可是，妳是否想過苦難到底是什麼？我們在苦難中又能得到什麼？

這是一次關乎靈魂的追尋，也是一次對於生命本真的探討。我們一般不會去抗拒幸福，因為它是對生命美好與愉悅的感知，因為它是肯定生命意義的力量。然而，對於苦難來說，我們一般是採取著抵抗的態度，因為它並不是一個積極的元素。苦難意味著給人們帶去身心的痛苦，意味著對生命意義與價值的懷疑。

上帝是公平的，不會讓妳永遠沉浸在幸福的愉悅中，也不會讓妳遭受永無止境的苦痛，因此我們總是在這兩者間不聽地轉換。在年輕的時候，我們將幸福看做生命的意義，將幸福看做人生的終極目標。可是為什麼能感知幸福？這源於人生中如影隨形的苦難。兩者的存在讓我們領悟生命的真諦，最終抵達靈魂的彼岸。

其實經歷苦難是一個改變的過程，也一個慢慢認識自己、抵達自己靈魂深處的過程。在這個過程裡我們變得謙卑、寬容，變得更愛這個世界，變得更善待他人。當妳體會了食不果腹後，才會發現一碗白粥、一個饅頭的價值；當妳經歷了生活的顛沛流離後，才會發現安穩平靜的價值；當妳失去了最愛妳的人以後，才會對曾經無微不至的關愛記憶猶新。後來，我們變得不再那麼迫切地追求完美，反而開始接受一切不完美，開始接受生活中的某些殘缺。後來，我們開始學會寬容，學會放過那個犯錯的自己，學會原諒。後來，我們開始變得慈悲，懂得去幫助那些身受苦痛中的人。

苦難讓我們在跌落的同時看到自身的平凡，更看到自身的無能為力。不過，在此基礎上又讓我們變得不平凡，因為我們想去超越，想去證明自己還沒有被苦難所打倒。每一個偉大的生命個體背後都潛藏著某些不為人知的痛苦，但這些痛苦並不是妳的軟肋，而是引發妳鬥志和熱情的力量。

智利外交官兼詩人的聶魯達（Pablo Neruda），有一首詩歌〈似水年華〉曾寫到：

苦難—抵達靈魂的彼岸

「在雙唇與聲音之間的某些事物逝去，
鳥的雙翼的某些事物，
痛苦與遺忘的某些事物，
如同網無法握住水一樣。
當華美的葉片落盡，
生命的脈絡才歷歷可見。」

多年後再回味這首詩歌，感受到了更深刻的東西。正如我們所經歷的一切，無論是痛苦還是快樂，都如同那無法把握的水流，終將都要逝去。當一切繁華與落寞都煙消雲散後，我們終將看到生命最本真的東西，終將抵達靈魂的彼岸。

第六章

簡約：選擇一種遠離塵囂的生活方式

那天，妳做回最簡單的自己。作為女子，擁有一顆純淨的心，在面對紛繁複雜的工作與生活之外，給自己留有一個空間，遠離塵囂。

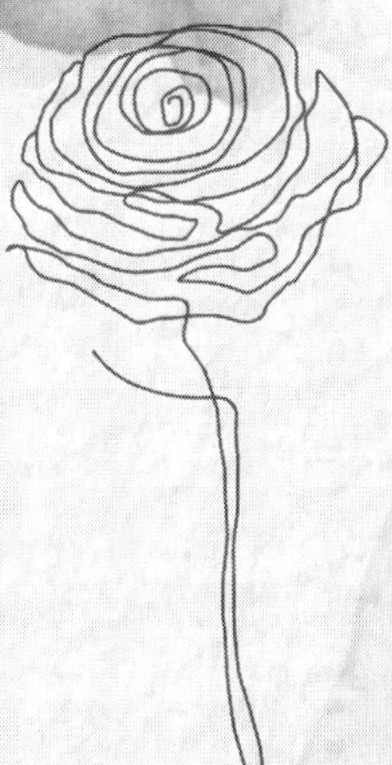

脫離網路的時代

曾經，我們還不知何謂社交網路，還沒有被大量的資訊包圍；曾經，我們活得灑脫、真實……

女孩，願妳在這個科技蓬勃發展的時代，能勇敢選擇一次逃離，哪怕只有一天。

不知道有多少女孩每天睡前的最後一件事是關掉手機，清晨醒來的第一件事是打開手機。漸漸地，手機成了陪伴妳走過孤寂時光的必備品，同樣也成了腐蝕妳生活的慢性毒品，

親愛的女孩，當妳在這虛擬的世界裡尋求著存在和愉悅時，卻失去了身邊觸手可及的幸福，拉遠了自己與身邊人的距離。

在餐廳裡，我們總能看到幾對這樣的情侶，神情淡漠地相對而坐，面前擺放著兩杯還留有一絲溫熱的咖啡。他們的指尖在手機螢幕上飛快滑動，或者與虛擬空間中的另一個人談笑風生。這個時候，妳也許會覺得他們根本不像伴侶，而是彼此生命中的過客，或者只是在路上碰巧遇見的朋友而已。

又或許，妳和朋友們約好了一起外出，然而大家卻習慣性地將今天吃的美食、買的衣服，甚至電影票根通通都拍下來發在Instagram。妳們坐在一起，紛紛為對方點讚，接著是滑著手機開始回覆各自的朋友們的留言。這個時候妳也許會有一絲懷疑，眼前的這些人還是自己的朋友嗎？她們彷彿生活在他處，更喜歡和另一個時空的人聊天，而不是眼前的妳。

不知妳是否還記得除夕的晚上，當父母為妳準備了一桌年夜飯時，當一家人坐在電視機前時，當他們期盼著聽妳講述這一年的酸甜苦辣時，妳卻低頭在和朋友們打字聊天、互相吐槽。這個時候，妳是否會看到父母難以啟齒的表情？他們以為妳在忙著什麼重要的事，而妳只是將時間花在了這個虛擬的世界裡，享受著那種看似真實的狂歡。

我們每天都會接收到大量的資訊，可我們並不知道該如何篩選這些資訊。妳習慣性地每天打開社群軟體，用「滑」的方式參與別人的世界，觀望著別人的生活。妳習慣性地每天看臉書，時刻關注熱門話題，看著各種不知真假的文章，還在沾沾自喜地認為在吸收知識。妳習慣性地每天逛一逛網購平臺，看著限時的搶購活動，將一堆不需要的商品收入購物車，然後心滿意足地點擊付款。妳習慣性地和遊戲上的好友聊上幾句，一天也就這麼過去了。

社交網路的確拉近了人們的距離，讓我們對遠方朋友的思念和牽掛從焦慮地等待書信，變成了一秒內的點讚、評論或分享。可是，這種快捷的方式也讓朋友間再也無法體會到那種為了相聚而跋山涉水的幸福與期待。曾經，如果你們不透過書信聯繫，也不經常見面，那麼消失是一件非常容易的事情。然而，社交網路讓我們緊密聯繫朋友的同時，也讓我們失去了很多朋友。後來，當妳想找個人說心裡話的時候，妳才發現在一長串好友名單中，竟然找不到一個人適合擔任這個角色。

有時我的確很喜歡長輩們的生活方式，他們不知道什麼是網路，也不用篩選各種各樣的重複資訊。他們不懂在網路上購物，所以會親自踏出家門，去和外界做接觸。我還記得小時候，看書是一件非常容易的事。因為沒有各種資訊的干擾，所以自己會靜下心去看一整天書，之後再將體會記錄下來。如今，捧著實體書入睡成了一件多麼浪漫卻又奢侈的事。如今，我們再也無法找到這種安寧而踏實的感覺。

各種實體商店的關門是一件非常可怕的事情。我們再也無法體會在商店裡去試穿各種衣服與鞋子的快樂，我們少了那種和家人出門大採購後滿載而歸的幸福感。漸漸地，我們習慣性地從物流司機的手中拿到商品，滿懷期待地打開，最後失落地將它丟到一邊或者退貨。如果有一天，當妳看著落寞的商業街時，會不會對曾經的繁華有一絲懷念？在那些街頭小巷，到處都留下了妳和家人、朋友的回憶與足跡，那些流淌於歲月裡的點滴，都是妳生命中永遠的珍藏與美好。

梭羅（Henry David Thoreau）在《湖濱散記》（Walden; or, Life in the Woods）中對生活有著這樣的感悟：「我願意深深地紮入生活，吮盡生活的骨髓，過得紮實，簡單，把一切不屬於生活的內容剔除得乾淨俐落，把生活逼到絕處，簡單是最基本的形式，簡單，簡單，再簡單。」百年後的今天，當我們再回味這句話的時候，是否有一絲觸動？現在，我們正漸漸遠離那種踏實感，取而代之的是大量的網路帶來的精神麻痺。

在這個時代，社交網路的興起與繁榮必將推動人類文明的進程，並且將為我們的生活帶來天翻地覆的改變，但請不要讓網路成為妳生活的全部，這也不是社交網路的初衷。

關於房間的信仰

我們居於此，感受清晨的第一縷陽光，感受夜幕的最後一絲靜謐。這裡安放著我們對生活的希冀，以及信仰。

在福克納（William Cuthbert Faulkner）的《八月之光》（Light in August）中寫到：「整潔簡樸的房間帶有禮拜日的意味。窗邊，微風輕輕吹拂著有著縫補痕跡的窗簾，送進新翻的泥土和新鮮蘋果的氣息。」在這樣的房間裡，我們似乎能體會到主角對生活的希冀，以及對生命的虔誠信仰。在這樣的房間裡，我們總能心生一絲敬畏，以及感恩的心情。

房間在一個人的生活中扮演著至關重要的角色。我們每天在這裡感受清晨的第一縷陽光，伴著黑夜裡最後一絲光亮說晚安。我們四處奔走後留下的疲憊在這裡得以安放，之後我們又於此地重新遠航。

我們能從一個屋子的整潔度和布置窺探出主人靈魂深處的一絲隱祕。在我們身邊，有很多這樣的女孩，外貌如天仙般貌美，可是她的住處完全沒有可讓人落腳的地方。妳會看到屋子裡七零八落的鞋，以及隨意丟在沙發上、床頭的衣物，還有浴室裡的瓶瓶罐罐，久未清理已經泛黃的水池，留有食物殘渣的鍋碗瓢盆……當妳看到與她華貴的衣服、精緻的妝容完全相反的房間時，是否會有一絲悵然若失？

外在的一切華貴與精緻都是做給別人看的，而家才是妳面對自己人生的態度和信仰。也許妳會覺得，平時太忙了，根本沒有時間做家事。可是妳寧願花時間將修飾後的自己展現給別人欣賞，也不願意留一些時間為自己布置一處美好而溫馨的生活環境。

女孩，當妳真正開始愛自己、願意面對自己的時候，也許會更注重家居環境。因為妳的內心不再受外在環境的干擾，不會將愉悅他人的眼球視為生活的重心，取而代之的是將愉悅自己擺在第一位。其實，很多時候我們並不知道工作與社交到底是為了什麼，更不懂「家」的重要意義。就算工作再忙碌、飯局再多，妳終究是要回歸那個屬於自己和家人的小天地。當妳拖著疲憊的身軀回到住處時，整潔的房間能夠讓妳的心情舒暢，更能忘卻一切紛繁複雜的工作與人際關係。

居住環境就像一面鏡子，折射出居住者的心靈、生活態度、思考方式和人生。很多女孩凌亂的房間多半被無止盡的雜物所充斥著。因為不捨得丟掉舊物，或覺得那些舊物終歸會派上用場的思考方式而破壞了房間的整體布置。

也許，妳總以為那些包裝食品的禮盒或是瓶瓶罐罐日後一定會派上用場，殊不知，妳本來可以收納其他更有價值的物品的櫃子成了這些回收物的集中地。當妳看著足夠大的空間而疑惑為何如此雜亂無章的時候，就會發現妳的生活早就被許多根本用不到的物品所包圍。因此，如果妳要整理雜亂無章的房間，就必須丟掉那些已經失去價值的物品，為那些真正有價值的物品留出空間。

整理房間也是一個篩選的過程。女孩，請不要將那些已經成為過去式的人留下的物品視作珍藏，因為他也許早就將妳忘得一乾二淨，妳何必要浪費一處空間給他？請妳清理出有限的空間，留給那些將妳視為珍寶的人。不捨和念舊是弱點，因為有人總是期盼著從某種回憶裡尋得一絲往昔的美好和某種感動。

我們透過被舊物與雜物充斥的房間，看到一個女性被各種人與事干擾著的焦躁且不安的內心，以及那種不敢面對未來的慌張與驚恐。在這種時候，妳必須適當地去清理自己的物品，而這也是在整理妳的心情。正如妳手機介面上那一堆從來沒有用過的程式一樣，千萬不要想著總有一天會用到。妳想著那些舊衣服可以透過妳靈巧的雙手變成一條圍裙、一個枕套，或者是一雙手套、一個包包。可是女孩，如果妳並不喜歡縫紉，或者沒有時間去做這些事，那麼還是打消這個念頭吧。請相信，現在的妳不會去做，以後也不會去做。也許妳會反駁我，程式刪了還能下載，而那些舊物丟了以後就再也找不回來了。妳當然可以堅持自己的觀點，不過這會將妳陷入一種惡性循環中，使妳的房子變成一個儲藏室。如果妳能想通這個事實，那就開始為自己的人生做一次減法，丟掉那些沒有任何價值的雜物吧。

房間應該是我們最隱私的住所，所以我們更應該精心布置它。請不要將我們的住處只當成睡覺的旅店，早出晚歸。那裡應該存放著美好與珍貴之物，以及我們對生活的希冀與信仰。

避免過分看重別人在自己生命中的參與

我們因爲太害怕孤獨，所以喜歡進入人群，喜歡在社交網路中尋求某種存在；我們因爲太過看重他人的眼光，所以不遺餘力地去僞裝自己，爲自己貼上一個完美的標籤。可是，這樣的妳不會覺得累嗎？

在三毛的文章〈簡單〉中提到：「我們不肯探索自己本身的價值，我們過分看重他人在自己生命裡的參與。於是，孤獨不再美好，失去了他人，我們惶惑不安。」

不久前，一位來自澳洲昆士蘭的十八歲女模特兒決定關閉自己的個人網站。她十二歲的時候便踏上了模特兒之路，並且在網路上擁有五十七萬的粉絲。她在影片中談到自己為了塑造社交網路中的形象，讓自己的生活變得多麼糟糕。她揭開自己發布出來的那些看似很美的照片，背後所花費的時間和精力。為了拍攝效果，她化著大濃妝，穿著緊身衣，佩戴各種笨重的珠寶。為了一張照片要反覆拍攝五十多次，之後透過不同的修圖軟體，耗費很長的時間去修改一張可以被認可的圖。她覺得十九歲的自己太過注重身材，而忽略了其他更美且真實的事情，比如寫作、探索、遊玩。她現在很討厭在這些毫無價值的東西上找到某種存在感。這名模特兒的控訴引起了眾多網友的共鳴，也得到了大家的支持。

儘管這件事後來被認為是一場炒作，但還是讓我們對社交網路有了一定的反思。儘管這位模特兒的訴說也許會有添油加醋、過分誇大事實的成分，不過她確實揭示了人性中的某些弱點——太過看重別人在自己生命中的參與，以及他人的眼光與評論。

妳可以上傳那些美麗的照片，也可以發表自己的心情，但如果為了一張照片耗費了大部分的時間和精力，僅僅為了得到一群人的點讚或眾人的欣賞，那麼妳就已經將他人放在了至關重要的位置。後來，妳會發現生活中一切美妙的事情都變了味。當妳發現自己去旅行、健身、吃飯、聽演唱會僅僅是為了在網路上發布一張照片時，妳將再也無法體會到這些事物帶來的純粹快樂。取而代之的是，妳必須絞盡腦汁地去想一堆與照片相匹配的文字，然後再絞盡腦汁地去回覆各種朋友的評論。

在沒有社交網路之前，我們同樣會被周圍人的眼光與評價所困擾。從小，我們似乎就成為父母之間攀比的工具，久而久之也習慣了這種比較，後來也開始在乎自己在同學、老師眼中的印象。後來，我們會愈來愈容易受到這種眼光的制約，慢慢成了籠中鳥。我們的人生似乎就是為了他人而活，做的一切都是為了給他人看。

在網路時代，很多人的生活更是背上了一個沉重的包袱。他們渴求對方能了解自己，於是會在網路上發表許多關於自己生活的照片，配上許多對生活的感悟。妳熱切地期盼自己能參與到別人的生活中，擴大自己的交友圈，然而這種做法只會適得其反。也許有的時候妳發的內容並不受大家的喜歡，相反會遭來別人的嫉恨或憎惡。

其實，妳的人生已經足夠豐富多彩。怎麼說呢？很多談論成功的書籍上都會提到「人脈」兩個字，告訴妳人脈愈廣，愈有利於自己事業的發展。這的確是一個比較重要的條件，但妳不必太急於去拓展自己的人脈，因為人脈並不是透過生硬的方式去獲取的。人脈與自我優秀之間是一個相輔相成的過程，或者說妳所站的高度，以及自身的人格魅力、處事方式等因素決定了妳人脈的品質。所以，妳不必刻意地去認識所有人，也不必向所有人獻殷勤，因為這並不能長久去維繫一段關係，此外妳也會為了迎合而慢慢失去自身的獨特性，這是一個得不償失的做法。

人的一生很短，況且心的空間也只有那麼大。誰對妳真，誰對妳假，妳完全可以感受得到。所以，妳又何必和所有人親密無間？又何必將所有人都請進妳的生命之中呢？常言道，錦上添花人人有，雪中送炭世上無。有一天，在妳最悲傷絕望的時候，或許第一個離開的便是那個與妳朝夕相處、吃喝玩樂的人。如果真的有那麼一天，請不要太過悲傷，因為妳將看清哪些人對妳來說才是最重要的。

女孩，妳不須太看重別人在自己生命中的參與，也不須太看重自己在他人眼中的形象。妳的身邊只要有兩三個真心實意的夥伴，既能陪妳度過生命中的嚴冬，又能陪妳享受人生中的繁華絢爛，那就足夠了。人生的意義並不在於獲取，而是在經歷後懂得放下與捨棄。當妳開始捨棄某些事物的時候，妳將得到更加純粹的東西。

生活是一件慢條斯理的事

請停下匆忙的腳步，去感受生活中的小美好；
請梳理雜亂的心緒，去用心澆灌那些無可比擬的感情；
請停下腳步，慢條斯理地活一次。

這些年，妳是否總是步履匆匆，和時間賽跑？這些年，妳的生活是否一直都圍繞著考不完的試、忙不完的工作？我們渴望成為這個時代的英雄，憑藉自身的努力與奮鬥去完成那些遙不可及的夢想。殊不知，最終我們將自己葬送在這種高速運轉，永不停息的生活中。

小洛是我很喜歡的一位女孩，目前在外商公司工作，每天都很忙碌，也有很多應酬與加班。不過即便如此，她每天都會花一個小時去練瑜伽。她說在練瑜伽的那一個小時裡，自己才真正觸碰到生活的某種存在。在呼氣與吸氣之間，身體開始變得柔軟與緩慢，心情也莫名地變得平和，煩惱與躁動不安也得以釋放。

小洛告訴我，在很久之前，她覺得自己應該趁著年輕不斷地去努力，才能在社會裡站穩腳跟。只是隨著年齡漸長，她慢慢發現自己一直都在圍著工作轉，為升遷與加薪絞盡腦汁，隨之而來的是頸椎的酸痛，身體機能的下降，使用再昂貴的化妝品都無法換回青春。看著日益暗沉的皮膚，熬夜加班換來的黑眼圈，以及那像是老了十歲的身體年齡，小洛開始反思自己到底得到了什麼。她開始明白，用身體的健康換來的功名利祿都是過眼的雲煙，不理智且很愚蠢。後來她開始規定自己的作息，就算工作不能完成，過了十一點必須睡覺。因為工作永遠都做不完，而身心的健康是有期限的。與其拚命去消耗它，不如放慢生活的節奏去保護它。

還記得在鄉下生活的兩年時光裡，我整個人的節奏都放慢許多。那裡的人有著自己的生活態度與方式。在村子裡，走幾步就可以看到一個茶館，喝茶是當地人必不可少的生活。他們可以喝一整個下午的茶，不去擔心工作或者賺錢的事。每到假日，這裡的人會帶著自己的家庭去海邊露營、烤肉，在海與天之間一切都得以忘卻，一切都顯得微不足道。那裡的人會為了當地的生態環境，寧願放慢發展，也要抵制工廠進入。那裡的人不會犧牲自己的休息時間去賺錢，更不會以損害自己的身心健康為代價。

初到鄉村的時候，我還沒有適應這種慢節奏的生活，甚至有一絲擔憂。我會害怕自己回到城市的時候會跟不上城市的步伐。不過，這種擔心顯然是沒有必要的，因為生活節奏的快與慢完全掌握在自己的手中。一味地以犧牲居住環境和身心健康來獲取某種經濟效益、人生價值，那是一件得不償失的事。如果每個人都放慢自己的生活節奏，那麼整個城市的步伐也會慢下來，而環境污染等問題都將有所好轉。

也許在壓力下，妳已經習慣了快節奏的生活，習慣了在步履匆匆中的每一天。妳會告訴自己，只有工作出色，才能得到老闆的賞識，才能升遷加薪，才能有更好的發展機會，才能……這麼多假設成了妳為之忙碌的動力，也成了妳生活的全部。最後，妳會發現自己完全淪為工作的機器。看著永遠做不完的工作，以及這無限輪迴的人生，漸漸地開始痛恨生活。

生命中我們可以感受的美好與浪漫，都是那些被定義為「浪費時間」的事情。為了工作，我們開始忘記吃飯，或者迅速、簡單地解決一餐。其實，享受食物是一個非常美妙的過程。我們慢慢地去品嘗，體會廚師在食物中注入的愛與感恩。我們慢慢地烹飪，體會生活中的五味雜陳。為了工作，我們開始忘記了生命的最終意義。我們會發現自己著實成了工作的奴隸。我們會發現自己在為了工作而工作，為了忙碌而忙碌，全然忘記了工作只是生活的一部分，也忘記了生活還有其他更重要的事情。

生活本身就是一件慢條斯理的事，當我們放慢自己的生活節奏時，我們對生活的意義也會有所改變。

取悅自己一次

那一天，妳丟掉了高跟鞋，穿著寬鬆舒適的衣服，走在如潮的人海中。

那一刻，妳只爲取悅自己。

女孩，妳是否每天都會提前半個小時化一個精緻的妝容，然後穿著高跟鞋及得體的衣服出門？妳是否為了保持身材，不得不控制飲食，不吃油炸食物和蛋糕甜點？甚至不喝飲料？食物不再為妳帶來歡愉，反而讓妳小心翼翼。為了讓別人留下最好的印象，妳一直保持這些習慣，然而被化妝品嚴重傷害的皮膚，以及各種身體問題，自己卻全然不知。

精緻的妝容能夠讓妳在人群中脫穎而出，能夠讓妳得到更多機會的青睞，還有異性的目光。此外，化妝也能去遮掩歲月在一個女性臉上留下的痕跡。當然，也有人會說化妝也是妳對所要見的人的一種尊重。可是，這一切都是為了別人，而妳也將生活在某種被稱之為「美麗」的符號與標準下。當妳愈來愈享受妝容帶來的優越，高跟鞋帶來的自信，首飾帶來虛榮時，妳將無法擺脫這些東西的束縛。妳不敢素顏出門，不敢穿著布鞋輕鬆步行，更無法離開那些奢侈品的光芒。

還記得在國中的時候，我們根本不必被這些東西左右，紮著馬尾，穿著白球鞋、運動服，就能快樂度過一天。後來，我們漸漸地被這個世界影響，要做一個不動聲色、美麗優雅的女性。我們在某種標準下改變自己的面容，要長髮飄逸，穿著裙裝，記得時時保持微笑，以及身材的標準。那些鋪天蓋地的美妝教學使我們眼花繚亂，而我們深深地被困在其中，無法自拔。

每當回到家的時候，妳會將這些累贅的東西一股腦地丟掉，洗掉臉上一層厚厚的化學品。妳看著鏡子裡最真實的自己，深深地倒吸了一口氣。妳是否有過一絲擔心，當喜歡的人看到素顏的自己是如此普通、平凡的時候，他會離開嗎？

記得很久之前的某則新聞報導，一對情侶在捷運站大吵，原因是男友要帶女友去見自己的朋友，可看到沒有化妝的女友時非常氣憤，要求她立刻回去化妝，並說根本無法帶素顏的她見人。就這樣，兩個人吵得不可開交。女孩，如果妳遇到這樣的男朋友，那還是趁早分手吧。如果一個男人只能欣賞妳化妝的樣子，而不能容忍妳素顏的樣子，即使他的條件再優秀，也不要有一絲留戀。他迷戀的只是那個精緻妝容的妳，迷戀的只是妳帶給他的虛榮。這種人只能陪妳度過繁榮的歲月，而無法陪妳熬過平淡的流年。

取悅自己一次

也許有人會說，不是每個女性都能不碰化妝品的。對於那些相貌平凡的女性來說，化妝可以為她們提供更多的機會。女孩，妳大可不必完全拋棄原先的生活方式，因為妳的工作環境也不允許妳那麼做。但誠心建議妳，在一個禮拜內選擇一至兩天的素顏生活，去感受它為自己帶來的輕鬆與愉悅。選擇素顏意味著妳將告別曾經的某種生活方式，意味著失去某些東西，當然也意味著得到某種東西。素顏後，妳也會看清一些人的真面目，當然也會清楚地知道自己最想要什麼。

當妳脫掉高跟鞋，穿著平底鞋，簡單的上衣和牛仔褲，不抹化妝品，逕自走在人群中，妳將體會到一種別樣的心情。妳不會太在乎自己在別人眼中的形象，更不必為了保持某種形象而約束自己。妳可以大膽地去嘗試，一手拿著冰淇淋，一手拿著棉花糖的自在。妳可以完全隱沒在人群中，享受那種普通而平凡的快樂，享受著素顏帶來的自由自在、無拘無束。此外，妳可以選擇去放縱一次，嘗試炸雞、薯條和可樂的搭配，嘗試著高熱量的巧克力蛋糕帶來的愉悅和滿足，嘗試著不用控制體重帶來的那份輕鬆。

親愛的女孩，請為自己放一天假，脫下高跟鞋，紮起輕便的馬尾，穿著寬鬆舒適的衣服，走在如潮的人海中，吃著想吃的食物，自娛自樂哼著歌曲。那一刻，妳不需要在別人面前塑造一個完美的形象。那一刻，妳僅僅為了取悅一次自己。

第七章

獨立：建立屬於自己的「城堡」

總有一天，妳會站在舞臺的中央，驕傲地揚起頭，終究成為自己的女王。作為女子，保留一份獨立、自尊，在物質與精神上不依附任何人，做一位驕傲女王。

建立屬於自己的「城堡」

那天，妳站在舞臺的中央，
驕傲地揚起頭，終成自己的「家」。

對於一個女性來說，最大的驕傲就是做到不依靠，能夠仰仗自己的力量在這個競爭激烈的社會立足。然而，這看似容易的事情在某種程度上會隨著時間的推移讓人遊移不定。

很多時候，妳也許並不清楚自己需要什麼，甚至不清楚為何要在適婚的年紀裡苦苦奮鬥。身邊的長輩每次見到妳總是苦口婆心，追問妳有沒有談戀愛，什麼時候結婚生子。如果沒有，妳就像犯了滔天大罪一般，在沒完沒了的責問聲中苦不堪言。似乎妳的人生是為了結婚生子而設定，一切都是為了成為賢妻良母而準備。有時候，就在這樣的環境中，女性總是會忘了自己到底想要什麼。

也許，很多人都會問妳，一個女孩子那麼努力做什麼？工作做得好，不如嫁得好。這句深得人心的警世名言還真是誤人子弟，讓多少女孩在年輕的時候忘記了「奮鬥」這兩個字。她們甚至被從小教導著要嫁給有錢的男人，從此以後就能衣食無憂過著富人般的生活。她們看著電視中的愛情偶像劇，欣然地沉醉在麻雀變鳳凰的美夢中，幻想著某天能夠遇到帥氣、多金，又疼愛自己的男人。殊不知，就在這為自己打造的烏托邦中，消耗了自己的青春。

小露是個相貌、家境都還不錯的女孩。畢業後就直接去了家裡安排的公司工作，沒有多少經濟和工作壓力，每天過著清閒的生活。有時候大家會在網路上聊兩句，談談自己的未來。那時，小露說自己沒什麼要求，一切都聽家裡的安排。她的想法很簡單，就是做好準備，嫁給有錢有勢的男人。當時，我有一種尷尬的感覺。我多麼想想告訴小露，這個世界上沒有這麼好的事情，她口中的優秀男性根本就不存在。

後來，小露嫁給了一個商人，條件不錯。因為他能滿足小露當貴婦的夢想，所以小露辭去了工作，做起了全職太太。只是，不到三年，他們就離婚了。那個男人告訴小露，自己愛上了另一個女人，而那個女人的事業上正好可以幫到他。離婚後的小露顯得悽慘很多，不僅沒了家庭，也沒了自己的事業。這個時候她已經三十多歲，錯過了打拚事業的黃金年齡。面對突然而來的一切，小露有一種驚慌失措的無力感。此時，她的父母已經年邁，很難再幫她找到一份清閒、穩定的好工作。

此刻的小露，沒了年輕的容貌，也沒有在職場上的競爭力，甚至還需要依靠父母的支援。她說自己開始慢慢懂得了「奮鬥」的意義。她後悔當初選擇了一條捷徑，而這條捷徑讓自己喪失了在兇險的叢林中生存的能力。這本身就是個弱肉強食的世界，對於女性來說更是殘酷無比。她說現在自己已經不想怨恨前夫的移情別戀，更不會怨恨那個女人，一切只怪自己沒有在最好的年紀去提升自己。

曾經，那個男人本來就是因為小露的美貌而和她在一起。然而，當時光摧殘了她的容貌後，能維繫兩人感情的還剩下什麼？那個美麗的女人，不僅有著比小露更加年輕的容貌，而且還擁有龐大的人脈，小露的確很可憐，然而這就是赤裸裸的現實。

女孩，妳可以相信這個世界有真愛，那個男人可以疼妳一輩子，但還是趁早斬斷這種美夢吧。也許妳會說童話故事都是騙人的。然而，騙人的不是童話故事，只是一開始這世間千萬個灰姑娘們就搞錯了一個事實，灰姑娘能和王子在一起，是因為她本身就是富家千金；醜小鴨變成了美麗的白天鵝，因為牠原本就是天鵝；住在森林裡的白雪公主能獲得王子的救援，因為她原來就是尊貴的公主。女孩，如果妳一開始就無法正視這殘酷的現實，一開始就忘記了自己本該奮鬥的人生，一開始就選擇了逃避該去承擔的責任，那麼就等待著現實慢慢將妳吞噬。

女孩，人生是沒有捷徑的。如果妳在年輕的時候選擇了捷徑，就必須在中年的時候花更大的力氣去償還曾經的軟弱，甚至要拉上自己的孩子與妳一起去償還。所以，還是在年輕的時候選擇一條艱難但心安理得的路吧，那會讓妳終將抵達並穩行於高處，而那裡將是妳不曾遇見的美好。

尊重內心的每一次訴求

所謂的「重要」都成了無足輕重的過往；所謂的「以後」都成了遙不可及的明天。女性們，請尊重內心的每一次訴求，因爲——人生經不起時間的等待，更經不起歲月的消磨。

曾經，有多少期盼與夢想被妳遺忘在現實的忙碌與無盡的等待中？又有多少明日在妳信誓旦旦的宣言過後被消磨殆盡？最終，妳在固有的價值觀中，成了別人的複製品。

在聚會時，蘇蘇總是會向朋友們描繪著自己的未來。不過，她那天馬行空的計畫總會讓人產生一種錯愕感，因為沒有一項被實現過。那天，她捏著肚子上的贅肉說要參加一個健身課程，勵志要練出明顯的馬甲線。過了一段時間，大家問她馬甲線練得如何的時候，她卻說最近工作忙，回家還要做家事，哪有什麼時間健身？有一次，她看著小牧在網路上上傳的各種烘焙照羨慕不已，說著自己要拜師學藝。後來，大家問蘇蘇學得怎樣時，她尷尬地一笑。蘇蘇說只去了小牧的烘焙坊一次，發現製作蛋糕的流程太麻煩就放棄了。還有一次，蘇蘇拿著旅行雜誌激動地說，她打算國慶假期和老公一起到韓國旅遊，並描述了一番要參觀的景點與要採買的東西，還問我有什麼需要她代買的。後來，國慶前我問她能不能幫忙帶回來一套某知名品牌的化妝品，可她卻失落地告訴我旅行取消了，因為這個假期有好幾個親戚朋友要結婚，只能取消了原定的計畫。不過她說年假的時候會去，那個時候會幫我帶回來。當時我就想，也許我根本沒有機會看到我的化妝品了。

就這樣，蘇蘇所有的藍圖都因數個看似非常重要的事情被取消了。這些所謂的「重要」就這樣日復一日、年復一年地左右著她的人生，左右著她的思想方式，左右著她的未來。

過了很多年後，當她再回頭看著這些所謂的「重要」時，就會發現它們從未在她自己的生命裡留下痕跡。

相比於蘇蘇，小牧灑脫很多。還記得大學時，小牧說要開一家烘焙坊，並還說裡面要布置得非常文藝。當時大家都以為她是在開玩笑，認為烘焙坊最後肯定會倒閉，因為食物都被她自己吃了。後來，我們就再也沒有聽她說要開烘焙坊的事。不過，大學畢業後她沒有像大部分同學一樣去找一個穩定的工作，而是去了一家烘焙坊擔任學徒，學習製作蛋糕。朋友們只覺得她一時興起，並不會長久。可是令所有人沒想到的是，兩年後她竟然在網路上傳了一組烘焙坊的照片。店裡的裝修文藝而溫馨，休息區擺放著一個很大的書架，上面都是小牧的藏書，而蛋糕店的門口及窗臺上都放著小牧親手栽種的植物。

小牧的烘焙坊開幕當天，大家都為她捧場。看著小牧為朋友們忙前忙後的樣子，我心裡感慨萬千。大學時期的小牧是一個循規蹈矩的女孩，所以同學們都以為她會找一個穩定的工作，然後做個賢妻良母。然而，想不到她竟做出了這樣的選擇。

不過，烘焙坊只是一個開始。在同學們為了房子、車子等現實問題累得焦頭爛額，忘記生活的本質時，小牧不慌不忙地打造著自己的小世界。她為蛋糕店取名叫「魔女之家」，是專門為都市女性而打造的休息場所。「魔女」有著不安分、百變的含義。小牧說她希望在這個喧囂浮躁的世界裡，那些身兼數職、忙碌不安的女性能夠在這裡找回自己失去的東西。除了販售烘焙食品外，小牧還專門為女性朋友開設了烘焙培訓課。小牧會為她們做好的蛋糕標價，並且讓她們為自己的蛋糕寫上自己的小故事，放在「魔女之家」的網路頁面上。很多顧客都會因為一則感人的故事而買下特定的蛋糕。有時候因為故事太感人，某款蛋糕會供不應求。這種開放式的經營理念，不僅讓女性朋友緩解了壓力，還讓她們在互動的過程中找回了自我。很多人在

尊重內心的每一次訴求

寫故事的過程中，回想了曾經許多失去的美好。隨著顧客的增多，「魔女之家」的名氣也愈來愈大。後來小牧的「魔女之家」經過推廣，許多女性朋友也都紛紛加盟進來。「魔女之家」的互動模式不僅是一個分享故事的過程，同時也是一個尋找自我的過程。

女性們，永遠不要在忙碌中忘記自己的夢和未來，更不要因為那些所謂的重要放棄了妳本該享受的生活。女性們，妳不該因為忙碌的工作、柴米油鹽醬醋茶、老公與孩子而亂了陣腳。生命是一個體驗與感知的過程，遵循自己內心深處的聲音，腳踏實地地去實現妳的計畫與夢想。

從此，妳的路叫遠方

那天，妳放下了天，放下了地，放下了生命中的千山萬水，
收拾好行李，獨自遠行。
從此，妳的路叫遠方。

世間女子千萬，而每個女子的人生又是千差萬別的。有一種女性，她們選擇離開自己的家鄉，放棄了原本穩定的工作，在本該談婚論嫁的年齡選擇了漂泊，選擇了遠行。也許妳會說她們傻，安逸的生活不過，偏偏踏上了這條路。然而，她們的選擇是無可厚非的，也不該受到傳統道德的批判，因為每一位女性都有權利去選擇另一種人生。

好比結婚生子這件事，是女性永遠躲不開的問題。同樣，也因為這個問題，很多女性最終選擇了和這個社會的價值觀妥協，順從父母之命，草率地結婚生子，過上了所謂的安穩日子。這種選擇當然沒有對錯，但這是生命中的一種缺失。有時輿論總是會帶給女性一種無形的壓力，也讓女性形成了一種既定的思想模式：如果不結婚生子、不相夫教子，妳就該受到譴責，就是對父母不孝，甚至會被外界看成是怪胎。可是，作為女性，妳不該被這些傳統的道德觀所綁架，妳應該有更廣闊的空間和舞臺。

在一次去澳洲的旅途中，我認識了導遊小潔。那年小潔二十七歲，小麥膚色，短髮，穿著寬鬆的上衣，顯得格外有朝氣。她很開心地帶我們遊遍了澳洲的著名景點，豐富的學識與謙遜的態度也超過了同齡女子。我問她為什麼會選擇來澳洲做導遊。然而，她用驚異的眼神反問我：「為什麼不要呢？」那一刻我突然愣住了，為什麼不要呢？對於這個問題我似乎從來都沒有考慮過。

小潔對我說，大學畢業後因為英語能力較好，就去了一家知名英語機構當老師。雖然薪水很高，但有一天小潔卻突然發現，自己的人生不該是這樣的，不該被限定在某種固定的舒適圈中。之後，她不顧家人的反對，辭掉了工作，踏上了遠行的道路。她說自己也不知道為什麼要這麼任性地離開，但她唯一的動力就是想去尋找某種東西，那種東西靠近自己的靈魂深處，無關他物。

她的第一站選擇了紐西蘭，在那裡，她前往一家旅行社做導遊，包吃包住，還可以感受紐西蘭的自然風光。後來，隨著她日益積累的經驗，旅行社又讓她帶團去了歐洲等地，而現在小潔主要負責澳洲旅遊團。當然，在這些年裡她也遇到過很多困難，但都被她輕描淡寫地帶過了。在外面的日子裡，她被竊賊偷過東西，也曾迷路被困在山裡，甚至遇過山體滑坡等自然災害。不過最終她都安然度過了。然而，這些對小潔來說都已經不是什麼大事。她對我表示，當自己走多了，看多了，經歷多了，就會發現曾經為之糾結的事情都顯得無足輕重。

在這些遠行的日子裡，小潔的世界觀與價值觀都有發生了較大的變化。她表示，因為選擇了遠方，所以會更加珍惜生命中的相逢與離別。每一段旅途都是緣，因為相遇是緣，所以會更加珍惜生命中路過的千山萬水。不停地行走，不停地體悟生命的真諦，後來才會慢慢發現人生中最該珍惜的是什麼。

女性們，請不要因為自己是女性而選擇一種既定的生活方式。「遠方」不是一個限定，也並非意味著一生的漂泊。「遠方」是一種生活態度，更是一位女性保持自身魅力與活力的良方。在年輕的時候多走、多看、多經歷，才不會因為柴米油鹽的瑣碎讓自己成為生活的奴隸，才不會在中年時照著鏡子哀嘆年華易逝、歲月催人老，才會更加明白什麼樣的人生才是最適合自己的。

那些有勇氣抛開一切、背起行囊的女子，傾聽著靈魂的訴求，靜靜地踏向遠方的路。她們不被傳統的道德觀所綁架，更不會成為生活的奴隸。

女性們，請記住有一種生活叫漂泊，有一種人生叫遠行。在遠行的路上妳會變得更加愛惜自己，更加珍惜身邊的人，更加懂得生活的意義所在。

原諒我此生放蕩不羈，熱愛自由

我不是無血無肉，不是冷漠無情，只是行走於這世俗之上，太多人事又與我何關？原諒我此生放蕩不羈，熱愛自由。

一個女性的獨立，不僅在於經濟的獨立，更在於靈魂的獨立。女性只有做到靈魂獨立的時候，才不會被這俗世中的任何人或事所牽絆、束縛。靈魂獨立的最大表現在於灑脫、自由的精神狀態。

現代都市女性不僅有著出眾的外貌，還有著令人羨慕的經濟基礎，自己能夠買房買車、環遊世界。然而，她們總是深陷情感的漩渦、不能自拔。

我有一位朋友叫小紫，氣質出眾、才華橫溢，是南加州大學影視學系畢業的學生。本來她在美國可以進軍好萊塢，與大師級的電影工作者一起工作，只是因為某些原因放棄了。她回國後開了一家影視公司，從事電影製作，在圈內小有名氣。我從沒見過什麼事能擾亂她的心智，更沒見過有什麼人能將她打倒。為了一場電影宣傳，她能忙前忙後半個多月。有一次，我去辦公室找她，發現她穿著工作服累得倒在沙發上休息。當我叫醒她時，她擦了擦眼睛，立刻穿上高跟鞋站起身，整理了衣服後立刻問是不是要開會了。那時，我覺得她真的太過拚命，感覺恨不得二十四小時都在忙忙碌碌。

有一次，小紫約我去酒吧，剛開始我們只是聊著無關痛癢的影視圈、明星八卦。可是，在酒精的作用下，她竟然抱著我痛哭起來。那時她就像個無助的孩子一樣不知所措，完全不再是那個被眾星捧月、呼風喚雨的老闆。小紫告訴我，其實回國前她有一個男友叫小陽，兩人是大學同學，因為共同的電影夢而走到了一起。只是畢業時小陽因為國內電影市場擁有巨大的發展空間選擇回國，而小紫想留在美國繼續闖蕩好萊塢。也許兩個人都太好強了，誰都沒有為對方退讓，他們約定三年後發展不如意的那一方去找對方。不過令人想不到的是，不到兩年，小陽就劈腿了。事業本來小有起色的小紫，當時就辭了工作，買了回國的機票。

我問小紫為什麼？當初在一起時沒有為他放棄好萊塢，後來竟因為他劈腿而放棄努力那麼久的夢想。小紫沉默了片刻表示，因為自己不甘心，不甘心苦心經營的愛情就這麼被別人趁虛而入，不甘心這麼長時間的異地戀就這樣化作泡影。她回國只想要個答案，讓小陽親口對她說分手這兩個字。最後，她的前男友告訴她，既然緣盡了，就不必堅持了。小紫說，當她親口聽到分手那兩個字時，有種天崩地裂的感覺，似乎自己堅持的一切都沒了，甚至連人生都失去了方向和意義。她飲盡杯中的酒，氣憤地說，小陽的劈腿對象是個小有名氣的模特兒，身材火辣。現在的她那麼拚命只是想為自己爭口氣，告訴小陽，這個世界上只有自己才配得上他。我看著小紫的眼神，不禁打了個冷顫，原來她拚命工作的背後竟承載著如此大的恨意。這是一場戰爭——一個女性和另一個女性的戰爭，一個女性和一個男人的戰爭。

小紫是眾多女性的代表，表面上獨立得像個女王，實則被愛情束縛，無法自拔。她們失去了自我，一次不甘心讓她們賠上了一生的自由。其實那些已經消失的人或事又能怎樣呢？不甘心只是妳不願意放過自己，更不願意放開那段情，恨不能握在手裡一輩子，即使那個人已不再是妳的。女性們，歸根究底妳依然沒有獨立，妳的人格被某些無形的東西所捆綁。

做一個獨立且為自己而精彩的女性吧！就像臺灣知名女藝人黃瑜嫻（藝名：小嫻），在經歷與前夫何守正的離婚風波後，仍不畏流言蜚語，也不在乎前夫與前夫家人的眼光，繼續過著屬於自己的人生。真正獨立且能做到照顧自己的女性就該這樣，對自己的未來永遠保持一種樂觀的態度。

從此，我的家是天涯海角

有些路，總要一個人走；有些旅途，總要一個人去完成。我的家，是天涯海角。

因為作為女性，更應懂得生活的意義；因為作為女性，更該堅強地面對人生的世事無常。還記得有一句話說道：「每個人只能陪你走一段路。原來，他們都只是你生命中的過客，或短或長，最終都要一一告別。」當一切都離開妳的時候，作為一個女性，還能為了什麼而堅持呢？

那年，我又遇到了一位朋友，小花。距離上一次見到她已經過去五年了，這五年裡，她成了一名職業旅行者，走遍了世界的每個角落。小花的皮膚變黑了，人也消瘦了很多。我不知道這五年裡小花經歷了什麼，但那一定都是我未曾見過的美好。

五年前，小花的丈夫因癌症而永遠地離開了她。傷心欲絕的小花為丈夫辦完喪事後，賣掉了所有的家當，只留下一台相機。她臨走前告訴我，說此生已別無所求，如今只打算在旅途中忘記喪夫之痛。那年，她才三十二歲。

現在，她對人生更多的是一絲淡然。我問小花，五年前妳就把房子賣了，可想過以後該怎麼辦？她淡淡一笑說，丈夫去世後的五年裡想通了很多事。在這個世界上，沒有人能陪自己永遠地走下去，他們都是匆匆的過客。有些路，終究要一個人走；有些旅途，終究要一個人完成。她說，賣掉房子的那一刻，她就告訴自己，從此，自己的家是天涯海角。如今，她三十七歲。

聽她說出天涯海角這四個字的時候，我的心為之一顫。小花從小在孤兒院長大，不知道自己的父母是誰，也不知道自己要去哪裡。直至她遇到她的丈夫後，小花才發現了生命的美好與意義。她與丈夫是公認的神仙眷侶，一起寫作、旅行、攝影。在一起的五年時光裡，兩個人共同創作了很多作品。只是，事情太過突然，還沒有緩過神來，丈夫永遠離開了她。小花說她最遺憾的就是沒有和丈夫生一個孩子，這成了她此生最大的遺憾。當她啟程後便明白了一個道理，既然無法像普通的女性那樣相夫教子，無法在這世間去好好地愛丈夫與孩子，去愛自己的父母，那就去好好地愛這個世界，好好愛自己。

女性們，妳是否想過有一天，當妳愛的人都離開自己的時候，還有什麼可以支撐自己走下去的動力嗎？當妳將所有的情感都寄託在愛人身上的時候，是否想過他們會有離開自己的一天？生命本身就是一場救贖的旅程，我們在這當中慢慢看到生活的本質，看到什麼是愛，什麼是死亡，以及時間與永恆。在這段旅程中，我們不斷失去，不斷放下，不斷原諒，不斷懂得。

女性們，妳終究要懂得一個人存在的意義，終究要學會獨自走一段旅程。在天涯海角裡，體會人生的意義；在山川湖泊中，體會歸途與牽掛。

從此，我的家是天涯海角

電子書購買

國家圖書館出版品預行編目資料

講究的女人不將就：再累也要打扮，再苦也要微笑？先想清楚妳是為誰而存在！ / 佳樂，何珮瑜著 . -- 第一版 . -- 臺北市：崧燁文化事業有限公司 , 2022.07
面； 公分
POD 版
ISBN 978-626-332-544-9(平裝)
1.CST: 自我實現 2.CST: 生活指導 3.CST: 女性
177.2　　111010448

講究的女人不將就：再累也要打扮，再苦也要微笑？先想清楚妳是為誰而存在！

臉書

作　　者：佳樂，何珮瑜
發 行 人：黃振庭
出 版 者：崧燁文化事業有限公司
發 行 者：崧燁文化事業有限公司
E-mail：sonbookservice@gmail.com
粉 絲 頁：https://www.facebook.com/sonbookss/
網　　址：https://sonbook.net/
地　　址：台北市中正區重慶南路一段六十一號八樓 815 室
Rm. 815, 8F., No.61, Sec. 1, Chongqing S. Rd., Zhongzheng Dist., Taipei City 100, Taiwan
電　　話：(02) 2370-3310　　　傳　　真：(02) 2388-1990
印　　刷：京峯彩色印刷有限公司（京峰數位）
律師顧問：廣華律師事務所 張珮琦律師

定　　價：250 元
發行日期：2022 年 07 月第一版
◎本書以 POD 印製